편입에 나오는
빈출 유형만 담은

핵심공략 그래머

GRAMMAR

편입에 나오는 빈출 유형만 담은
핵심공략 그래머

지은이 김선웅
펴낸이 임준현
펴낸곳 도서출판 넥서스

초판 1쇄 인쇄 2012년 6월 15일
초판 1쇄 발행 2012년 6월 25일

출판신고 2001년 12월 5일 제313-2005-00004호
서울시 은평구 통일로82길 17
Tel (02)330-5500 Fax (02)330-5555

ISBN 978-89-5795-238-2 13740

www.nexusbook.com
넥서스ACADEMY는 도서출판 넥서스의 수험서 전문 브랜드입니다.

핵심공략 그래머

편입에 나오는
빈출 유형만
담은

김선웅 지음

GRAMMAR

10년 넘게 강의를 하면서 교재로는 부족하거나 강의 중간에 깊이 있는 설명이 필요한 부분은 보조 자료로 대체해 왔습니다. 이렇게 쌓인 방대한 자료 중에서 핵심적인 내용만 묶어 교재로 출간한 책이 〈핵심공략 그래머〉입니다.

이 교재의 첫 번째 특징은 어려운 문법 설명이나 문법 용어들이 거의 등장하지 않는다는 것입니다. 강의를 하다 보면 백 마디의 말이나 설명보다는 다양한 예문으로 문법이나 영문장에 대한 이해가 자연스럽게 습득되는 것이 더 효과적인 경우가 많은데, 이 점이 이 교재를 집필한 주된 이유입니다.

두 번째 특징은 주어와 동사에 관한 이해를 시작으로 도치에 이르기까지 많은 문법적인 내용들을 다루고 있지만 작고 섬세한 부분은 다루지 않았다는 것입니다. 그렇게 되면 백과사전 같은 문법 이론서가 되어 수험생들이 어려워하기 때문이죠. 영문법의 큰 뼈대를 세운 후, 문장의 옳고 그름을 판단하는 연습문제로 실력을 자가진단 할 수 있도록 구성되어 있습니다.

단기간에 완성된 것이 아닌 수년간의 노하우가 축적된 이 교재가 여러분들이 원하는 바를 이루는 데 도움이 되었으면 합니다.

저자 김선웅

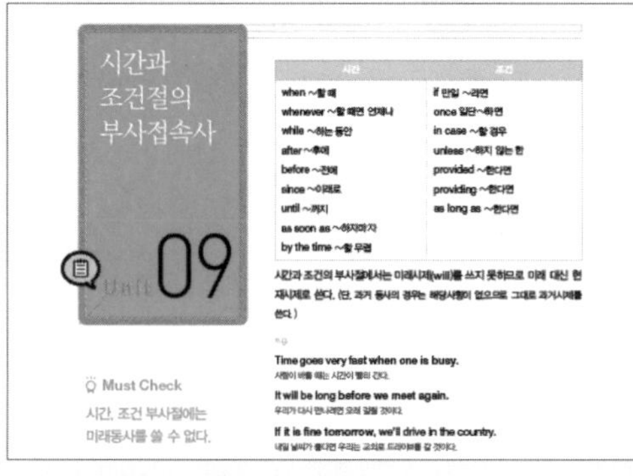

도식화한 문법 설명

편입영어의 기본은 문법이므로 문법을 정복해야 영어가
쉬워집니다. 이 교재는 편입문법에 처음 발을 내딛은
입문자들을 위해 군더더기 없는 깔끔한 설명으로 문법에
대한 장벽을 낮추려 노력했습니다. 또한 한눈에 설명이
들어와 학습자들이 쉽게 이해할 수 있도록 설명을
도식화했습니다.

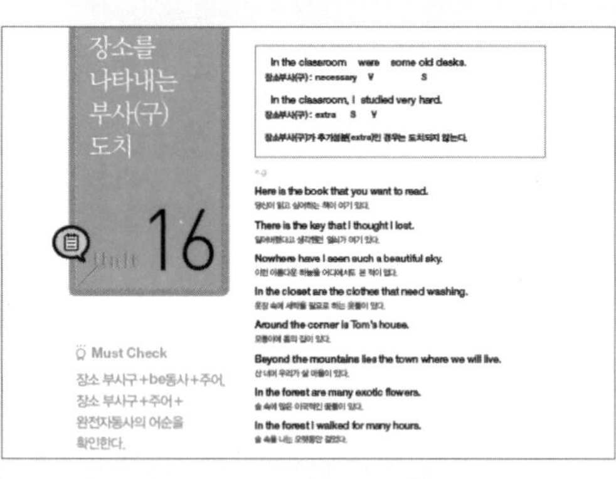

이론을 바로 적용할 수 있는 예문 수록

이론만 공부하면 응용력이 떨어지기 때문에 실제 어떻게
사용하고 있는지 문장을 통해 확인하는 습관이 필요합니다.
각 Unit에는 문법 이론과 함께 예문을 수록해 공부한 내용을
바로 적용해 볼 수 있습니다. 예문을 통해 각 Unit에서
공부한 문법 지식을 온전히 체질화시켜 문제를 풀기 전
준비운동을 할 수 있도록 구성했습니다.

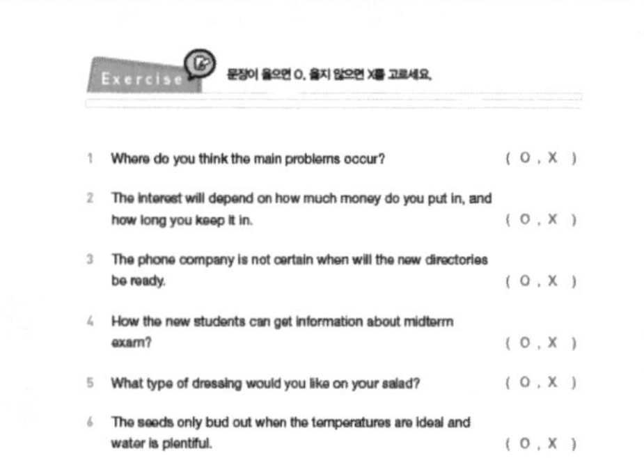

600개 이상의 연습문제 수록

문법 이론과 예문을 통해 다진 실력을 확인해 볼 수 있도록
소단원별로 연습문제를 수록했습니다. 또한 소단원별
문제를 모두 풀어보아도 그 문제들이 소단원별 문제가 섞여
조금만 응용되면 풀지 못할 수도 있기 때문에 대단원별로도
실전문제를 제공했습니다. 편입시험의 핵심을 공략하는
문제들로, 편입 준비생들의 실력 점검에 큰 도움이 될
것입니다.

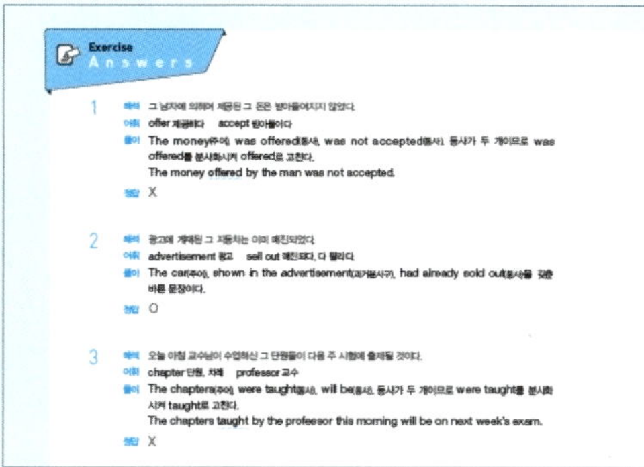

주어, 동사를 구분하는 집중적인 연습

독해를 잘하기 위해서 문법은 기본입니다. 편입영어에서는
다양한 수식어를 넣어 길고 복잡한 문장을 제시하기 때문에
문장의 큰 틀인 주어, 동사를 구분하는 것은 필수 과제입니다.
이 교재는 여러 단원에 걸쳐 주어, 동사를 파악하는
훈련을 하여 문장을 분석하는 능력을 향상시킬 수 있도록
고안되었습니다.

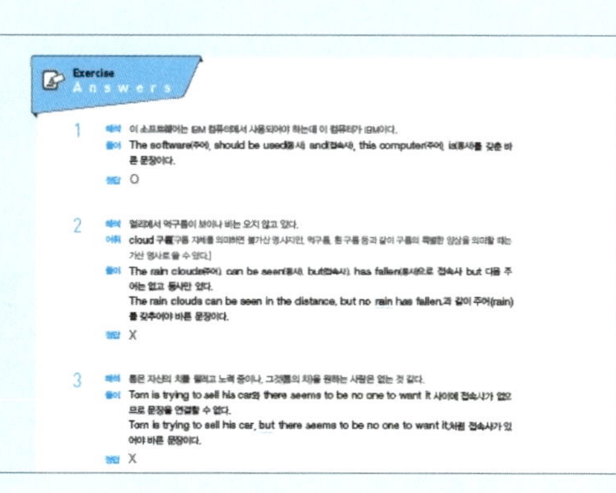

문제에 대한 상세한 풀이

정답 또는 오답을 도출해 낸 과정, 이유 등을 철저하게 분석,
확인해 보는 것도 중요합니다. 명강의로 유명한 김선웅
선생님의 명쾌한 해설과 함께 600개 이상의 연습문제를 풀다
보면 어느새 문법 실력이 일취월장한 자신을 발견하게 될
것입니다.

GRAMMAR

Chapter 1 주어

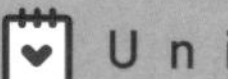 Units

Actual Test

주어와 동사

Unit 01

주어인 (대)명사를 먼저 찾고 동사(be동사, 조동사, 일반동사)를 찾는다.

Example 1

_______________ was so slow on the 1st street this morning.

(A) Yesterday   (B) In the morning
(C) Traffic   (D) Cars

해석 오늘 아침 1번 도로에서 교통이 정체됐다.

풀이 동사(was)만 있고 주어가 없으므로 빈칸에는 주어가 들어가야 한다. 문장에 this morning이 있으므로 빈칸에 Yesterday(부사), In the morning(전치사구)은 맞지 않는다. Traffic(명사), Cars(명사) 중 Cars는 복수 명사이므로 동사 was와 일치하지 않는다.

정답 (C)

Example 2

The boy _______________ going to the movies with a friend.

(A) he is   (B) he always was
(C) is relaxing   (D) will be

해석 그 소년은 친구와 영화를 보러 갈 것이다.

풀이 주어(The boy) 뒤에 분사(going)가 보이므로 분사와 결합하여 동사가 될 수 있는 (D)가 정답이다. (A)와 (B)에는 이미 주어가 있어서, (C)는 이미 분사가 있어서 정답이 아니다.

정답 (D)

Example 3

The (A) deep of the (B) ocean is measured by using (C) sophisticated sonar (D) equipment.

해석 바다의 깊이는 복잡한 수중 음파 탐지 장비에 의하여 측정된다.

풀이 deep은 형용사로 주어가 될 수 없다. 따라서 명사인 depth로 써야 주어가 될 수 있다. of the ocean은 전치사구로 주어가 아니다.

정답 (A)

문장이 옳으면 O, 옳지 않으면 X를 고르세요.

1 At dawn went fishing at the nearby lake. (O , X)

2 The schedule of today's events can be obtained at the front desk. (O , X)

3 Usually, parrots demonstration a remarkable talent for mimicry. (O , X)

4 The program has provides workers with information about risk of injuries. (O , X)

5 The schoolmaster watching the two men climbing toward him. (O , X)

6 The textbook for geography class it contains more than twenty chapters. (O , X)

7 The process of fermentation take place only in the absence of oxygen. (O , X)

8 Music appreciation should be included in our elementary curriculum. (O , X)

9 Yesterday read an interesting article on automobile pollution control. (O , X)

10 Computers can be used in stores to check inventory and tell the store which products are selling well and which are less popular. (O , X)

1

해석 새벽에 나는 가까운 호수로 낚시를 갔다.

어휘 nearby 가까운, 인근의 　 lake 호수

풀이 At dawn(부사구), went(동사)로 문장에 주어가 없다.
At dawn I went fishing at the nearby lake.로 고친다.

정답 X

2

해석 오늘 행사의 계획표는 안내데스크에서 얻을 수 있다.

어휘 schedule 계획표 　 obtain 얻다, 획득하다 　 the front desk 안내데스크

풀이 The schedule(주어), of today's events(전치사구), can be obtained(동사), at the front desk(전치사구)를 갖춘 바른 문장이다.

정답 O

3

해석 보통 앵무새들은 모방에 관해 두드러진 재능을 보인다.

어휘 usually 보통 　 parrot 앵무새 　 demonstrate 입증하다, 발휘하다
remarkable 두드러진 　 talent 재능 　 mimicry 모방, 흉내

풀이 parrots(주어), demonstration(명사), a remarkable talent(명사), for mimicry(전치사구)로 동사가 없다. 명사인 demonstration을 동사로 써서 Usually, parrots **demonstrate** a remarkable talent for mimicry.로 고친다.

정답 X

4

해석 그 프로그램은 작업자들에게 부상의 위험에 관한 정보를 제공한다.

어휘 risk 위험 　 injury 부상

풀이 The program(주어), has(동사), provides(동사)로 동사가 두 개이다. has를 삭제하거나 현재완료 형태를 써서 has provided로 고친다.
The program **provides** workers with information about risk of injuries.
The program **has provided** workers with information about risk of injuries.

정답 X

5

해석 그 교장 선생님은 자신을 향해 올라오는 두 남자를 보았다.

어휘 schoolmaster 교장 선생님 　 climb (산, 언덕 등에) 오르다

풀이 The schoolmaster(주어), watching(분사)으로 동사가 없으므로 watching을 동사 watched로 고친다.
The schoolmaster **watched** the two men climbing toward him.

정답 X

6

해석 지리 수업용 교과서는 20개 이상의 단원으로 구성되어 있다.

어휘 geography 지리   chapter 단원

풀이 The textbook(주어), it(주어), contains(동사)로 주어가 두 개이므로 틀린 문장이다. 대명사 it을 삭제해야 한다. 이처럼 주어 뒤에 대명사를 하나 더 두는 문제에 유의한다.
The textbook for geography class contains more than twenty chapters.로 고친다.

정답 X

7

해석 발효 과정은 산소가 없을 때 발생한다.

어휘 process 과정   fermentation 발효   take place 일어나다, 발생하다
absence 부재   oxygen 산소

풀이 The process(주어), take place(동사)로 맞는 것 같지만, 주어가 단수이므로 동사의 어형을 이에 맞춰야 한다. 따라서 동사는 **takes place**로 고친다.

정답 X

8

해석 음악 감상은 초등과정에 포함되어야만 한다.

어휘 appreciation 감상, 감사   include 포함하다   curriculum 교과과정

풀이 Music appreciation(주어), should be included(동사)를 갖춘 바른 문장이다.

정답 O

9

해석 나는 어제 자동차 공해 통제에 관한 흥미 있는 기사를 읽었다.

어휘 automobile 자동차   pollution 오염

풀이 Yesterday(부사), read(동사)로 주어가 없다. 주어를 I로 한다면, Yesterday I read an interesting article on automobile pollution control.로 고칠 수 있다.

정답 X

10

해석 컴퓨터는 상점에서 재고를 확인하고 어떤 물건이 잘 판매되고, 덜 판매되는지를 알려 줄 수 있다.

어휘 inventory 물품 목록, 재고

풀이 Computers(주어), can be used(동사)를 모두 갖춘 바른 문장이다.

정답 O

전치사구는 주어가 될 수 없지만 글의 분위기를 보여 주거나 명사나 동사를 보충해 주는 등 문장 안에서 중요한 의미를 담고 있는 경우가 많다. 따라서 전치사구를 묶는 연습을 한다면 글이 간결해지고 주어, 동사 찾기가 훨씬 쉬워진다.

e.g.

After his exams Jun will take a trip by boat.
시험을 치른 후 준은 보트 여행을 떠날 것이다.
⇨ After his exams는 Jun이 언제 여행을 떠날지 알려 주는 역할을 한다.

The book **on the desk** is very interesting.
책상 위의 그 책은 매우 흥미롭다.
⇨ on the desk는 명사(The book)가 어디에 있는지를 한정지어 주고 있다. 따라서 이렇게 전치사의 수식을 받은 명사는 부정관사(a / an)가 아닌 정관사 the를 수반한다.

The name **of the girl at the bus station** is Susan.
버스 정류장의 그 소녀 이름은 수잔이다.
⇨ of the girl at the bus station 역시 전치사구로 각각 누구의 이름인지와 장소를 나타낸다.

Must Check

「전치사 + 명사구」를 찾아 묶는다.

Example

With some friends ______________ went to the movie theater.

(A) has (B) him
(C) later (D) Tom

해석 몇몇 친구들과 함께 톰은 극장에 갔다.
풀이 with some friends는 전치사구로 주어가 아니다. went는 동사이므로 빈칸은 주어 자리이다.
정답 **(D)**

문장이 옳으면 O, 옳지 않으면 X를 고르세요.

1 Cancellations within 8 hours of show time are non-refundable. (O , X)

2 The interviews by radio broadcasters were carried live by the station. (O , X)

3 The light from the candles on the end tables provide a soft glow to the room. (O , X)

4 On a regular basis the plants in the boxes under the window in the kitchen watered. (O , X)

5 The reading methods at this school were given credit for the test scores. (O , X)

6 For the last three years at various hospitals in the county has been practicing medicine. (O , X)

7 A study on the evacuation planning in the multiplex cinema it has improved a lot in recent years. (O , X)

8 At the building site the workers with the most experience were given the most intricate work. (O , X)

9 All the members of the cooking club except they have paid the monthly dues. (O , X)

10 The report on low use factors of children playground in the public rental apartment complex. (O , X)

1

해석 공연 시작 8시간 이내의 취소는 환불이 불가능하다.

어휘 cancellation 취소   within ~ 이내에   non-refundable 환불 불가능한

풀이 Cancellations(주어), within 8 hours of show time(전치사구), are(동사)를 갖춘 바른 문장이다.

정답 O

2

해석 라디오 진행자에 의한 인터뷰는 기지국에서 라이브로 진행되었다.

어휘 interview 인터뷰   broadcaster 방송국, 방송인   carry 수행하다   live 생방송의   station 기지국

풀이 The interviews(주어), by radio broadcasters(전치사구), were carried(동사)를 갖춘 바른 문장이다.

정답 O

3

해석 테이블 위의 양초 불이 부드러운 빛을 제공한다.

어휘 candle 양초   provide 제공하다   soft 부드러운   glow 옝 불빛; 용 빛나다, 타다

풀이 The light(주어), from the candles(전치사구), on the end tables(전치사구), provide(동사)로 완벽한 문장처럼 보이나 주어가 3인칭 단수이므로 동사를 provides로 고친다.
The light from the candles on the end tables **provides** a soft glow to the room.

정답 X

4

해석 정기적으로 부엌 창문 아래의 상자에 있는 식물에 물을 준다.

풀이 On a regular basis(전치사구), the plants(주어), in the boxes(전치사구), under the window(전치사구), in the kitchen(전치사구), watered(동사). 주어와 동사가 모두 있어 완벽한 문장처럼 보이나 '물을 주다'라는 의미의 동사 water는 타동사이다. 그런데 목적어가 없으므로 수동태 are watered로 고쳐야 한다.
On a regular basis the plants in the boxes under the window in the kitchen **are watered**.

정답 X

5

해석 이 학교의 독해 교수법은 시험 점수화를 위한 도구로 인정을 받았다.

어휘 method 방법   credit 인정, 신용

풀이 The reading methods(주어), at this school(전치사구), were given(동사), credit(보류 목적어), for the test scores(전치사구)로 주어와 동사를 갖춘 바른 문장이다.

정답 O

6

해석 지난 3년 동안 이 나라에서 다양한 병원들이 개업을 하고 있다.

어휘 various 다양한   practicing 개업 중인

풀이 For the last three years(전치사구), at various hospitals(전치사구), in the county(전치사구), has been practicing(동사)으로 주어가 없다. at various hospitals에서 전치사 at을 삭제하면 various hospitals가 주어가 되어 바른 문장이 된다.
For the last three years **various hospitals** in the county has been practicing medicine.

정답 X

7

해석 복합 상영극장 내에서의 대피 계획에 관한 연구가 최근 몇 년 동안 많이 발전했다.

어휘 evacuation 대피   multiplex 복합 상영관

풀이 A study(주어), on the evacuation planning(전치사구), in the multiplex cinema(전치사구), it(주어), has improved(동사)로 주어가 두 개이다. it을 삭제해야 바른 문장이 된다.

정답 X

8

해석 건설 현장에서 경험이 제일 많은 작업자들에게 가장 복잡한 일이 주어진다.

어휘 intricate 복잡한

풀이 At the building site(전치사구), the workers(주어), with the most experience(전치사구), were given(동사), the most intricate work(보류 목적어)를 갖춘 바른 문장이다.

정답 O

9

해석 그들을 제외한 요리 클럽의 모든 회원들은 월 회비를 지불했다.

풀이 All the members(주어), of the cooking club(전치사구), except they(전치사구), have paid(동사), the monthly dues(목적어)로 바른 문장처럼 보이지만, 전치사 except의 목적어는 목적격으로 써야 하므로 they가 아닌 **them**으로 고친다.

정답 X

10

해석 임대 아파트 단지에서 어린이 놀이터의 낮은 사용에 관한 보고서가 완성되었다.

풀이 The report(주어), on low use factors(전치사구), of children playground(전치사구), in the public rental apartment complex(전치사구)로 동사가 없다.
The report on low use factors of children playground in the public rental apartment complex **was compiled**.와 같이 동사가 있어야 한다.

정답 X

Unit 03

Must Check

주어 명사와 동격 명사를
구별한다.

동격 명사는 콤마(,)로 분리되어 주어의 앞이나 뒤에서 주어를 설명해 주며, 전치사구나 관계사절의 수식을 받기도 한다. 주의할 점은 동격 명사는 주어를 설명하는 명사일 뿐 주어는 아니라는 것이다.

[형태 1] **동격 명사, 주어+동사**
[형태 2] **주어, 동격 명사, 동사**

e.g.

Sally, the best **student in the class**, got an A on the exam.
반에서 최고 학생인 샐리는 시험에서 A를 받았다.
⇨ 주어는 Sally이고 콤마(,)로 분리된 the best student가 동격 명사, in the class는 전치사구로 the best student를 수식한다.

Example 1

________________, George, is attending the lecture.

(A) Right now   (B) Happily
(C) Because of the time   (D) My friend

해석 내 친구 조지가 강연에 참석할 것이다.
해설 George는 명사로 주어처럼 보이지만 동사(is)와 콤마(,)로 분리되어 있으므로 주어가 아닌 동격 명사이다. 따라서 빈칸에는 is의 주어가 필요하다.
정답 (D)

Example 2

________________, Sarah rarely misses her basketball shots.

(A) An excellent basketball player
(B) An excellent basketball player is
(C) Sarah is an excellent basketball player
(D) Her excellent basketball play

해석 뛰어난 농구 선수인 사라는 슛을 실수하는 일이 거의 없다.
풀이 Sarah가 주어, misses가 동사. 콤마(,)로 분리된 빈칸은 주어의 동격 명사 자리이다. (B)와 (C)에는 동사가 있어서 답이 될 수 없고, (D)는 동격 명사가 play로 Sarah와 동격이 될 수 없다.
정답 (A)

문장이 옳으면 O, 옳지 않으면 X를 고르세요.

1   The son of the previous owner, the new owner converted the
    hotel into a department store.   (O , X)

2   Last semester, a friend, graduated cum-laude from the
    university.   (O , X)

3   At long last, the chief executive officer, will retire next year as
    scheduled.   (O , X)

4   Water, one of the most critical elements for human survival,
    also one of the most abundant compounds on earth.   (O , X)

5   The new tile pattern, a floral design on a white background,
    really brightens up the room.   (O , X)

6   Alexander Graham Bell, a teacher of the deaf, he once told his
    family he would rather be remembered as a teacher than as the
    inventor of the telephone.   (O , X)

7   The employees at the Madrid plant, the only factory that builds
    the unit, has been working overtime for the past several weeks.   (O , X)

8   Kent Stevens, a computer scientist at the University of Oregon,
    became interested in dinosaurs.   (O , X)

9   College dropouts whose biological parents gave him up for
    adoption, Mr. Jobs has become one of the most successful
    technological entrepreneurs of our age.   (O , X)

10 Nearly 500,000 new jobs in France in the past 12 months and
    more than a million jobs in Britain were created since Blair, the
    leader of my party, came to power.   (O , X)

1

해석 전 주인의 아들인 새로운 주인은 호텔을 백화점으로 바꾸었다.

어휘 previous 이전의   convert A into B A를 B로 전환하다, 바꾸다

풀이 The son of the previous owner(동격), the new owner(주어), converted(동사), the hotel(목적어)을 갖춘 바른 문장이다.

정답 O

2

해석 지난 학기 친구인 ~는 대학을 우등으로 졸업했다.

어휘 graduate cum-laude 대학을 우등으로 졸업하다

풀이 Last semester(부사구), a friend(동격), graduated(동사)로 주어가 없다. a friend를 동사로 생각해선 안 된다. 콤마(,)로 분리되어 있으므로 동격어이다.
Last semester, Jun, a friend, graduated cum-laude from the university.와 같이 주어(Jun)가 있어야 한다.

정답 X

3

해석 마침내 최고 경영자인 ~는 예정대로 내년에 은퇴할 것이다.

어휘 at long last 마침내   chief executive officer 최고 경영자(CEO)   retire 은퇴하다

풀이 2번과 같은 형태의 문제로 At long last(부사구), the chief executive officer(동격), will retire(동사)에는 주어가 없다. the chief executive officer를 동사로 생각해선 안 된다. 콤마(,)로 분리되어 있으므로 동격어이다.
At long last, Jun, the chief executive officer, will retire next year as scheduled.와 같이 주어(Jun)가 있어야 한다.

정답 X

4

해석 인간의 생존에 있어서 가장 중요한 요소인 물은 지구상에서 가장 풍부한 화합물 중의 하나이다.

어휘 critical 중요한   element 요소   survival 생존   abundant 풍부한   compound 화합물

풀이 Water(주어), one(동격), of the most critical elements for human survival(전치사구), one(보어)으로 동사가 없다. Water, one of the most critical elements for human survival, is also one of the most abundant compounds on earth.와 같이 동사(is)가 있어야 한다.

정답 X

5

해석 하얀 배경에 꽃무늬인 그 새로운 타일 패턴이 방을 밝게 비춘다.

어휘 brighten up 밝게 비추다

풀이 The new tile pattern(주어), a floral design(동격), brightens up(동사)을 갖춘 바른 문장이다.

정답 O

6 **해석** 청각 장애인들의 아버지인, 알렉산더 그래엄 벨은 한때 그의 가족들에게 전화기의 발명가라기보다는 선생님으로 기억되고 싶다고 말했다.

어휘 deaf 청각 장애의   inventor 발명가

풀이 Alexander Graham Bell(주어), a teacher(동격), of the deaf(전치사구), he(주어), told(동사)로 주어가 둘이므로 틀린 문장이다. he를 삭제하여야 바른 문장이 된다. tell은 4형식 동사로 his family가 간접목적어, he would rather ~ 이하가 직접목적어절이다. he would rather 앞에는 that이 생략되었다.

정답 X

7 **해석** 그 기구를 만드는 유일한 공장인, 마드리드 공장 직원들은 지난 몇 주간 초과 근무를 하고 있다.

어휘 unit 단위, 기구

풀이 The employees(주어), at the Madrid plant(전치사구), the only factory(동격), that builds(관계대명사절), has been working(동사). 주어가 복수이므로 동사는 has가 아니라 **have**로 고친다. 여기서 the only factory가 the Madrid plant의 동격이다.

정답 X

8 **해석** 오레곤 대학의 컴퓨터 과학자인 켄트 스티븐스는 공룡에 관심을 갖게 되었다.

풀이 Kent Stevens(주어), a computer scientist(동격), at the University of Oregon(전치사구), became(동사)을 갖춘 바른 문장이다.

정답 O

9 **해석** 친부모가 입양을 보내기 위해 양육을 포기했던 대학 중퇴자 (스티브) 잡스는 이 시대의 가장 성공적인 기술 기업인 중 하나가 되었다.

어휘 dropout 중퇴자   biological parents 친부모   adoption 입양   entrepreneur 기업인

풀이 College dropouts(동격), whose biological parents gave him up for adoption(형용사절), Mr. Jobs(주어), has become(동사). 주어가 단수이므로 동격은 복수형 College dropouts가 아니라 **A college dropout**으로 고친다.

정답 X

10 **해석** 우리당의 지도자인, 블레어가 정권을 장악한 이래로 지난 12개월 동안 프랑스에서는 거의 50만 개의 일자리가, 영국에서는 100만 개 이상의 일자리가 창출되었다.

어휘 come to power 정권을 장악하다

풀이 Nearly 500,000 new jobs in France(주어), in the past 12 months and more than a million jobs in Britain(전치사구), were created(동사), since(접속사), Blair(주어), the leader(동격), of my party(전치사구), came(동사)을 갖춘 바른 문장이다.

정답 O

주어 뒤의 V -ing는 동사의 변형꼴인 현재분사로 자동사의 경우 전치사구 등이 수반될 수 있으며, 타동사의 경우 목적어가 수반되면 반드시 V -ing 꼴이 된다. .

e.g.

The man **is talking** to his friend.
그 남자는 친구와 이야기를 나누는 중이다.
⇨ is talking은 진행 형태의 동사이다.

The man **talking** to his friend is Tom.
친구와 이야기를 나누는 그 남자가 톰이다.
⇨ talking은 동사가 아닌 현재분사이며, to his friend의 수식을 받고 있다. 문장의 주어는 The man, 동사는 is이다.

The boy **is standing** in the corner.
그 소년은 모퉁이에 서 있다.
⇨ is standing은 진행 형태의 동사이다.

The boy **standing** in the corner was looking for his hat.
모퉁이에 서 있는 그 소년은 자신의 모자를 찾고 있었다.
⇨ standing은 동사가 아닌 현재분사이며, in the corner의 수식을 받고 있다. 문장의 주어는 The boy, 동사는 was looking이다.

Must Check

주어 뒤의 V -ing는
동사가 아닌 형용사이다.

Example

The child _______________ playing in the yard is my son.

(A) now   (B) is
(C) he   (D) was

해석 지금 운동장에서 놀고 있는 그 아이는 나의 아들이다.

풀이 문장에 이미 동사(is)가 있으므로 빈칸에 (B)나 (D)를 고르면 is(was) playing의 진행형 동사가 되어 동사가 두 개인 틀린 문장이 된다. (C)의 he도 주어 child와 중복이 되므로 부사 now만 답이 될 수 있다. 이때 playing이 현재분사, in the yard는 수식어구가 된다.

정답 **(A)**

문장이 옳으면 O, 옳지 않으면 X를 고르세요.

1　The companies offering the lowest prices will have the most customers.　(O , X)

2　The police investigating Thursday's incident as arson trying to find the man.　(O , X)

3　They had not yet tackled the abrupt rise leading to the schoolhouse built on the hillside.　(O , X)

4　The number of people took flights rose 5.2% in October compared with the same time last year.　(O , X)

5　The students were giving the wildest parties attracted the attention.　(O , X)

6　The first team winning four games is awarded the championship.　(O , X)

7　Manufacturers produce only a large luxury car are compelled to make a smaller model in order to compete in the market.　(O , X)

8　People are living alone or in nursing homes become more interested in life when they are given pets to care for.　(O , X)

9　The advertisements were announcing the half-day sale received a lot of attention.　(O , X)

10　The news announced that the vice president acted for the president while he was in the hospital was known to everyone.　(O , X)

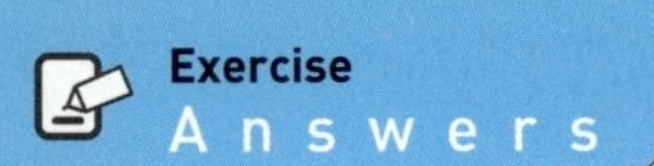

1

해석 가장 낮은 가격을 제시하는 회사가 가장 많은 고객을 유치하게 될 것이다.

어휘 offer 제공하다   customer 고객

풀이 The companies(주어), offering the lowest prices(현재분사구), will have(동사), the most customers(목적어)를 갖춘 바른 문장이다. the lowest prices가 offering의 목적어이다.

정답 O

2

해석 목요일의 방화 사건을 조사 중인 경찰이 그 남자를 찾으려고 노력 중이다.

어휘 investigate 조사하다   incident 사고   arson 방화

풀이 The police(주어), investigating Thursday's incident as arson(현재분사구)으로 동사가 없다. trying을 are trying으로 써야 동사가 되어 바른 문장이 된다.
The police investigating Thursday's incident as arson **are trying** to find the man.

정답 X

3

해석 그들은 아직 언덕 위에 지어진 학교 건물로 이어지는 가파른 언덕을 맞닥뜨리지 않았다.

어휘 tackle 맞닥뜨리다   abrupt 가파른   rise 언덕   schoolhouse 학교 건물

풀이 leading 이하가 명사 rise를 수식하고, built 이하가 schoolhouse를 수식하는 구조이다. They(주어), had not yet tackled(동사), the abrupt rise(목적어), leading to the schoolhouse(현재분사구), built on the hillside(과거분사구)를 갖춘 바른 문장이다.

정답 O

4

해석 작년 이맘때와 비교했을 때 10월에 비행기를 타는 사람들의 수가 5.2% 증가했다.

풀이 The number of people(주어), took(동사), rose(동사)로 동사가 두 개이므로 틀린 문장이다.
took flights를 주어 The number of people을 수식하는 현재분사 taking flights로 고친다. 목적어(flights)가 수반되었으므로 현재분사꼴이 되는 것이다.
The number of people **taking** flights rose 5.2% in October compared with the same time last year.

정답 X

5

해석 광란의 파티를 연 그 학생들은 관심을 끌었다.

어휘 wildest parties 광란의 파티   attract 끌다, 당기다   attention 관심

풀이 The students(주어), were giving(동사), attracted(동사)로 동사가 두 개이므로 틀린 문장이다. were를 빼고 The students를 수식하는 현재분사 giving the wildest parties로 고친다. the wildest parties가 giving의 목적어이다.
The students **giving** the wildest parties attracted the attention.

정답 X

6 **해석** 4개의 경기를 승리하는 첫 번째 팀이 선수권 대회에서 수상할 것이다.

어휘 award 수상하다   championship 선수권 대회

풀이 The first team(주어), winning four games(현재분사구), is awarded(동사), the championship(보류 목적어)을 갖춘 바른 문장이다. four games가 winning의 목적어이다.

정답 O

7 **해석** 크고 화려한 자동차만을 생산하는 제조업자들은 시장에서 경쟁하기 위하여 더 작은 모델을 만들라는 강요를 받고 있다.

어휘 manufacturer 제조업자   luxury 화려한   compel 강요하다   in order to ~하기 위하여

풀이 Manufacturers(주어), produce(동사), are compelled(동사)로 동사가 두 개이므로 틀린 문장이다. produce를 주어 Manufacturers를 수식하는 현재분사 producing으로 고친다. a large luxury car가 producing의 목적어이다.

Manufacturers **producing** only a large luxury car are compelled to make a smaller model in order to compete in the market.

정답 X

8 **해석** 혼자 살거나 양로원에 있는 사람들에게 돌봐야 할 애완동물이 있을 때 그들은 삶에 더욱 흥미를 갖는다.

어휘 nursing home 양로원   pet 애완동물

풀이 People(주어), are living(동사), become more interested(동사). 동사가 두 개이므로 are living을 분사화시켜 living으로 고친다.

People **living** alone or in nursing homes become more interested in life when they are given pets to care for.

정답 X

9 **해석** 반나절 할인 판매를 발표한 그 광고가 많은 관심을 받았다.

어휘 advertisement 광고   half-day sale 반나절 할인 판매

풀이 The advertisements(주어), were announcing(동사), received(동사). 동사가 두 개이므로 were announcing을 분사화시켜 announcing으로 고친다. the half-day sale이 announcing의 목적어이다.

The advertisements **announcing** the half-day sale received a lot of attention.

정답 X

10 **해석** 대통령이 병원에 있는 동안 부통령이 대통령 역할을 대신한다는 소식은 모든 이들에게 알려졌다.

풀이 The news(주어), announced(동사), was known to(동사)로 동사가 두 개이므로 announced를 분사화시켜 announcing으로 고친다. that 이하가 announcing의 목적어이다.

The news **announcing** that the vice president acted for the president while he was in the hospital was known to everyone.

정답 X

주어 뒤의 V-ed/p.p. 형태

Unit 05

주어 뒤의 V-ed나 p.p.는 동사의 변형꼴인 과거분사로 4형식 동사를 제외하고는 목적어가 수반될 수 없다.

e.g.

The family has purchased a television.
그 가족은 TV를 한 대 구입했다.
⇨ has purchased는 완료형 동사이다.

The television purchased yesterday is in the living room.
어제 구입한 TV가 거실에 있다.
⇨ purchased는 동사가 아닌 과거분사이다. 문장의 주어는 The television, 동사는 is이다.

Karen has painted this picture.
캐런은 그림을 완성했다.
⇨ has painted는 완료형 동사이다.

The picture painted by Karen is now in a museum.
캐런에 의해 그려진 그림은 박물관에 있다.
⇨ painted는 동사가 아닌 과거분사이며, by Karen의 수식을 받고 있다. 문장의 주어는 The picture, 동사는 is이다.

The poem was written by Paul.
그 시는 폴에 의해 쓰였다.
⇨ was written은 수동형 동사이다.

The poem written by Paul appeared in the magazine.
폴에 의해 쓰인 시가 잡지에 나왔다.
⇨ written은 동사가 아닌 과거분사이며, by Paul의 수식을 받고 있다. 문장의 주어는 The poem, 동사는 appeared이다.

Must Check

주어 뒤의 V-ed/p.p.는 동사가 아닌 형용사이다.

Example

The package _______________ mailed at the post office will arrive Monday.

(A) have　　　　　　(B) were
(C) them　　　　　　(D) just

해석　방금 우체국에서 발송된 소포는 월요일에 도착할 것이다.

풀이　will arrive가 동사이다. mailed는 at the post office의 수식을 받는 과거분사이다. (A)의 have는 have mailed의 완료형 동사가 되고, (B) 역시 were mailed의 수동형 동사가 되므로 답이 될 수 없다.

정답　(D)

문장이 옳으면 O, 옳지 않으면 X를 고르세요.

1   The money was offered by the man was not accepted.   (O , X)

2   The car shown in the advertisement had already sold out.   (O , X)

3   The chapters were taught by the professor this morning will be
on next week's exam.   (O , X)

4   The ports were reached by the sailors were under the control of
a foreign nation.   (O , X)

5   Those suspected in the robbery were arrested by the police.   (O , X)

6   The pizza is served in this restaurant is the tastiest in the county.   (O , X)

7   The courses are listed on the second page of the brochure have
some qualities.   (O , X)

8   Some of the people were invited to the barbecue party didn't
come.   (O , X)

9   Any books written by Jun will be sold well everywhere in the
world.   (O , X)

10   The number of accountants hired by the financial department on
a yearly basis are to be counted at earliest possible date.   (O , X)

1

해석 그 남자에 의하여 제공된 그 돈은 받아들여지지 않았다.

어휘 offer 제공하다　accept 받아들이다

풀이 The money(주어), was offered(동사), was not accepted(동사). 동사가 두 개이므로 was offered를 분사화시켜 offered로 고친다.
The money **offered** by the man was not accepted.

정답 X

2

해석 광고에 게재된 그 자동차는 이미 매진되었다.

어휘 advertisement 광고　sell out 매진되다, 다 팔리다.

풀이 The car(주어), shown in the advertisement(과거분사구), had already sold out(동사)을 갖춘 바른 문장이다.

정답 O

3

해석 오늘 아침 교수님이 수업하신 그 단원들이 다음 주 시험에 출제될 것이다.

어휘 chapter 단원, 차례　professor 교수

풀이 The chapters(주어), were taught(동사), will be(동사). 동사가 두 개이므로 were taught를 분사화시켜 taught로 고친다.
The chapters **taught** by the professor this morning will be on next week's exam.

정답 X

4

해석 그 선원들에 의해 점령된 항구는 외국의 통제 하에 놓였다.

어휘 sailor 선원　under the control 통제 하에 놓인　foreign 외국의

풀이 The ports(주어), were reached(동사), were(동사). 동사가 두 개이므로 were reached를 분사화시켜 reached로 고친다.
The ports **reached** by the sailors were under the control of a foreign nation.

정답 X

5

해석 강도 사건으로 의심받던 자들이 경찰에 의해 체포되었다.

어휘 suspect 의심하다　robbery 강도　in the robbery 강도 사건　arrest 체포하다

풀이 Those(주어), suspected in the robbery(과거분사구), were arrested(동사)를 갖춘 바른 문장이다.

정답 O

6   해석 이 식당에서 제공되는 피자가 이 나라에서 가장 맛있다.
    풀이 The pizza(주어), is served(동사), is(동사). 동사가 두 개이므로 is served를 분사화시켜 served로
         고친다.
         The pizza **served** in this restaurant is the tastiest in the county.
    정답 X

7   해석 이 책자의 두 번째 페이지에 나열된 그 과정은 어떤 특성을 갖고 있다.
    어휘 list 나열하다   brochure 책자   quality 자질, 특성
    풀이 The courses(주어), are listed(동사), have(동사). 동사가 두 개이므로 are listed를 분사화시켜
         listed로 고친다.
         The courses **listed** on the second page of the brochure have some qualities.
    정답 X

8   해석 바비큐 파티에 초대된 사람 중 일부가 오지 않았다.
    어휘 barbecue party 바비큐 파티
    풀이 Some of the people(주어), were invited(동사), didn't come(동사). 동사가 두 개이므로 were
         invited를 분사화시켜 invited로 고친다.
         Some of the people **invited** to the barbecue party didn't come.
    정답 X

9   해석 준에 의해서 쓰인 책은 어떤 책이든지 세상 어디에서도 잘 팔릴 것이다.
    어휘 everywhere 어디서나, 모든 곳에서
    풀이 Any books(주어), written by Jun(과거분사구), will be sold(동사)를 갖춘 바른 문장이다.
    정답 O

10 해석 재정부에 의해 고용된 회계사의 수는 일 년 단위로 가능한 빠른 시일 내에 파악될 예정이다.
    어휘 accountant 회계사   financial department 재정부   yearly basis 일 년 단위의
    풀이 The number of accountants(주어), hired by the financial department(과거분사구), are(동
         사)로 바른 문장 같지만 「The number of+복수 명사」는 항상 단수 취급한다. 따라서 동사는 are가 아
         니라 is로 고쳐야 한다.
         The number of accountants hired by the financial department on a yearly basis **is**
         to be counted at earliest possible date.
    정답 X

문장이 옳으면 O, 옳지 않으면 X를 고르세요.

1   For two weeks at the beginning of the semester students in this
    college can add additional classes.   (O , X)

2   With a sudden shake of his right hand failed to catch the ball.   (O , X)

3   On her lunch hour went to a nearby department store to buy the
    gift.   (O , X)

4   The green bamboos were grown for the holiday season were cut
    in May.   (O , X)

5   In the wood the overripe chestnuts were falling on the ground.   (O , X)

6   The newspaper delivered at 4:00 contained the announcement
    of the president.   (O , X)

7   A specialty shop with various items from around the world on
    7th street.   (O , X)

8   The paintings exhibited in the British Museum last month are
    now on display in Scotland.   (O , X)

9   Construction of the housing development it will be underway by
    the first of the month.   (O , X)

10 The employees turning in their completed tasks at the earliest
    date have some advantages.   (O , X)

1   해석 학기 초 2주 동안 이 대학의 학생들은 추가 수업을 신청할 수 있다.
   어휘 semester 학기   additional 추가적인
   풀이 For two weeks at the beginning of the semester(전치사구), students(주어), in this college(전치사구), can add(동사), additional classes(목적어)를 갖춘 바른 문장이다.

2   해석 오른손의 갑작스러운 떨림으로 ~는 공을 잡지 못했다.
   어휘 sudden 갑작스러운   shake 떨림
   풀이 With a sudden shake(전치사구), of his right hand(전치사구), failed(동사)로 주어가 없으므로 불완전한 문장이다. 동사 앞에 주어를 넣어야 바른 문장이다.
   With a sudden shake of his right hand **Tom** failed to catch the ball.

3   해석 점심시간에 ~는 결혼 선물을 사러 백화점에 갔다.
   어휘 department store 백화점
   풀이 On her lunch hour(전치사구), went(동사), to a nearby department store(전치사구)로 주어가 없으므로 틀린 문장이다. 주어를 넣어 On her lunch hour **Susan** went to a nearby department store to buy the gift.와 같이 고친다.

4   해석 연휴 기간을 위해 재배된 푸른 대나무들은 5월에 벌목되었다.
   어휘 bamboos 대나무   holiday season 연휴 기간
   풀이 The green bamboos(주어), were grown(동사). were cut(동사). 동사가 두 개이므로 were grown을 분사화시켜 grown으로 고친다.
   The green bamboos **grown** for the holiday season were cut in May.

5   해석 숲 속의 지나치게 익은 밤들이 땅에 떨어지고 있었다.
   어휘 overripe (과일 등이) 너무 익은   chestnut 밤
   풀이 In the wood(전치사구), the overripe chestnuts(주어), were falling(동사)을 갖춘 바른 문장이다.

6   **해석** 4시에 배달 된 신문에는 대통령의 발표가 포함되어 있었다.

  어휘 contain 포함하다　announcement 성명, 발표

  풀이 The newspaper(주어), delivered at 4:00(과거분사구), contained(동사), the announcement(목적어)를 갖춘 바른 문장이다.

7   **해석** 전 세계에서 온 다양한 제품이 있는 특산품 가게가 7번가에 있다.

  어휘 specialty shop 특산품 가게　various 다양한　item 제품

  풀이 A specialty shop(주어), with various items(전치사구), from around the world(전치사구), on 7th street(전치사구)로 동사가 없다. A specialty shop with various items from around the world **is** on 7th street.로 고친다.

8   **해석** 지난달 대영 박물관에 전시되었던 그림들이 현재 스코틀랜드에서 전시 중이다.

  어휘 painting 그림　exhibit 전시하다　on display 전시 중인

  풀이 The paintings(주어), exhibited in the British Museum last month(과거분사구), are(동사)를 갖춘 바른 문장이다.

9   **해석** 주택 개발 건설이 다음 달 초순경에 진행될 것이다.

  어휘 Construction 건설　housing 주거의　be underway 진행 중인

  풀이 Construction(주어), of the housing development(전치사구), it(주어), will be(동사)로 주어가 둘이다. **it**을 삭제해야 한다.

10   **해석** 가장 빠른 시일 내에 완성된 업무를 제출하는 직원들은 이득을 갖게 된다.

  어휘 completed task 완성된 업무　advantage 장점, 이점

  풀이 The employees(주어), turning in their completed tasks(현재분사구), at the earliest date(전치사구), have(동사)를 갖춘 바른 문장이다.

정답

1. O　2. X　3. X　4. X　5. O　6. O　7. X　8. O　9. X　10. O

Chapter 2 접속사

📝 **Units**

등위접속사

등위접속사의 종류

and 그리고 | but 그러나 | or 또는, 그렇지 않으면 | so 그래서 |
yet 그러나 | for 왜냐하면

e.g.

Tom is singing, **and** Paul is dancing.
톰은 노래를 하고, 폴은 춤을 추고 있다.

Tom is tall, **but** Paul is short.
톰은 크지만 폴은 작다.

Tom must write the letter, **or** Paul will do it.
톰은 편지를 써야 한다. 그렇지 않으면 폴이 그것(편지 쓰기)을 해야 할 것이다.

Tom told a joke, **so** Paul laughed.
톰이 농담을 했고, 그래서 폴이 웃었다.

Tom is tired, **yet** he is not going to sleep.
톰은 피곤하지만, 잠을 자지 않을 것이다.

☼ Must Check
등사의 개수를 확인한다.

Example

A power failure occurred, _______________ the lamps went out.

(A) then   (B) so
(C) later   (D) next

해석 정전이 발생했다. 그래서 전등이 꺼졌다.

풀이 동사가 두 개(occurred, went out)이므로 접속사가 있어야 한다. (B)를 제외한 나머지는 접속사가 아닌 부사이다.

정답 (B)

1 The software should be used on an IBM computer, and this
computer is an IBM. (O , X)

2 The rain clouds can be seen in the distance, but no has fallen. (O , X)

3 Tom is trying to sell his car, there seems to be no one to want it. (O , X)

4 So the quality of the print was not good, I changed the printer. (O , X)

5 Don't commit a sin, or you will tempt God. (O , X)

6 The phone rang again and again, the receptionist was not able
to get much work done. (O , X)

7 The missing wallet was found, but the cash and credit cards had
been removed. (O , X)

8 Go to the rescue of the princess, and you will be a hero. (O , X)

9 He used to live in farmhouse, he has many memories of country
life. (O , X)

10 He is an amiable man, yet it is strange that no one specially likes
him. (O , X)

1

해석 이 소프트웨어는 IBM 컴퓨터에서 사용되어야 하는데 이 컴퓨터가 IBM이다.

풀이 The software(주어), should be used(동사), and(접속사), this computer(주어), is(동사)를 갖춘 바른 문장이다.

정답 O

2

해석 멀리에서 먹구름이 보이나 비는 오지 않고 있다.

어휘 cloud 구름[구름 자체를 의미하면 불가산 명사지만, 먹구름, 흰 구름 등과 같이 구름의 특별한 양상을 의미할 때는 가산 명사로 쓸 수 있다.]

풀이 The rain clouds(주어), can be seen(동사), but(접속사), has fallen(동사)으로 접속사 but 다음 주어는 없고 동사만 있다.
The rain clouds can be seen in the distance, but no **rain** has fallen.과 같이 주어(rain)를 갖추어야 바른 문장이다.

정답 X

3

해석 톰은 자신의 차를 팔려고 노력 중이나, 그것(톰의 차)을 원하는 사람은 없는 것 같다.

풀이 Tom is trying to sell his car와 there seems to be no one to want it 사이에 접속사가 없으므로 문장을 연결할 수 없다.
Tom is trying to sell his car, **but** there seems to be no one to want it.처럼 접속사가 있어야 바른 문장이다.

정답 X

4

해석 인쇄의 품질이 좋지 않았다. 그래서 나는 프린터를 바꾸었다.

풀이 So(접속사), the quality(주어), was(동사), I(주어), changed(동사)로 접속사가 있지만 틀린 문장이다. 등위접속사는 「주어+동사, 등위접속사+주어+동사」의 형태는 가능하나, 「등위접속사+주어+동사, 주어+동사」 같은 형태로는 쓸 수 없다.
The quality of the print was not good, **so** I changed the printer.로 고친다.

정답 X

5

해석 죄를 범하지 말아라. 그렇지 않으면 신의 노여움을 살 것이다.

어휘 tempt God 신의 뜻을 거역하다

풀이 「(명령문), or ~」는 '~해라, 그렇지 않으면…'이라는 뜻이다. Don't commit(동사), or(접속사), you(주어), will tempt(동사)로 주어가 없지만 바른 문장이다.

정답 O

6 **해석** 전화가 계속해서 울렸다. 그래서 접수 담당자는 많은 일이 처리되도록 할 수 없었다.

어휘 receptionist 접수 담당자

풀이 The phone(주어), rang(동사), the receptionist(주어), was(동사)로 접속사가 없으므로 문장을 연결할 수 없다.

The phone rang again and again, **so** the receptionist was not able to get much work done.처럼 접속사(so)가 있어야 바른 문장이다.

정답 X

7 **해석** 사라진 지갑이 발견되었으나, 현금과 신용카드는 없어졌다.

어휘 missing 사라진, 실종된

풀이 The missing wallet(주어), was found(동사), but(접속사), the cash and credit cards(주어), had been removed(동사)를 갖춘 바른 문장이다.

정답 O

8 **해석** 공주를 구하러 가라. 그러면 당신은 영웅이 될 것이다.

어휘 princess 공주   go to the rescue 구조에 나서다

풀이 Go(동사), and(접속사), you(주어), will be(동사)로 주어가 없어서 틀린 문장 같지만, 「(명령문), and ~」 구문으로 이때 and는 '그러면'으로 해석된다.

정답 O

9 **해석** 그는 농가에 살았었다. 그래서 그에게는 시골 생활의 기억들이 많다.

풀이 He(주어), used to live(동사), he(주어), has(동사)로 접속사가 없으므로 문장을 연결할 수 없다.

He used to live in farmhouse, **so** he has many memories of country life.처럼 접속사가 있어야 바른 문장이다.

정답 X

10 **해석** 그는 상냥한 사람이다. 그런데 아무도 특별히 그를 좋아하는 이가 없으니 이상한 일이다.

어휘 amiable 상냥한   specially 특별히

풀이 He((주어), is(동사), yet(접속사), it(주어), is(동사)로 바른 문장이다.

That no one specially likes him is strange.에서 주어가 that절이므로 가주어 it이 쓰인 문장이다.

정답 O

명사절을 이끄는 접속사 (1)

> **접속사의 종류**
>
> 단순 사실절을 이끄는 that ~ : ~(라는) 것
>
> 불확실한 내용을 이끄는 whether/if : ~인지 (아닌지)
>
> 시간/장소/이유/방법의 when/where/why/how : 언제/어디서/왜/어떻게

e.g.

That he is a liar is true.
그가 거짓말쟁이라는 것은 사실이다.
⇨ 주어 자리

I know **why he is angry with her.**
나는 왜 그가 그녀에게 화가 났는지 알고 있다.
⇨ 목적어 자리

I am worried about **why he is angry with her.**
나는 왜 그가 그녀에게 화가 났는지 걱정이 된다.
⇨ 전치사의 목적어 자리

💡 Must Check

주어, 보어, 목적어 자리의 절을 확인한다.

Example

________________ were a little late caused problems.

(A) When we   (B) That we
(C) Why we   (D) We

해석 우리가 조금 늦은 것이 문제를 야기했다.

풀이 caused 앞까지가 주어로, 주어 내에 동사(were)가 있으므로 접속사와 were의 주어가 필요하다. 의미상 (A)와 (C)는 답이 될 수 없다.

정답 (B)

1 There are too many doctors in the United States will be a serious
   glut. (O , X)

2 Why the stories are so popular in all cultures is they are
   generally easy to follow. (O , X)

3 There is little doubt whether he will have to remain in hiding for
   the rest of his life. (O , X)

4 Jun will write about why should the government legislate against
   discrimination in the workplace. (O , X)

5 Scientists have long wanted to know that why the people in the
   country live so long. (O , X)

6 That the photographer has not yet decided where he will take
   pictures. (O , X)

7 It is important to stop and think carefully about where have we
   been, where are we today, and where are we going. (O , X)

8 Television now plays such an important part in so many people's
   lives that it is essential for us to try to decide that it is a blessing
   or a curse. (O , X)

9 I don't know that he will pay back the money I lent him on the
   promise that he would pay it back or not. (O , X)

10 At the center of the former star couple's dispute is that the death
    of their unborn child was a miscarriage caused by the husband's
    physical violence or an abortion carried out by the wife. (O , X)

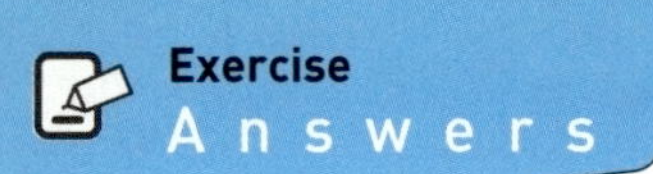

1 해석 미국에 의사가 많다는 것은 심각한 과잉이 될 것이다.

어휘 glut 과잉

풀이 too many doctors(주어), are(동사), will be(동사)로 접속사가 없이 동사만 두 개다.
That there are too many doctors in the United States will be a serious glut.처럼 접속사가 있어야 한다. That부터 the United States까지가 문장의 주어이다.

정답 X

2 해석 그 이야기가 모든 문화에서 인기 있는 이유는 이해하기 쉽기 때문이다.

어휘 follow 이해하다

풀이 Why the stories are so popular in all cultures(주어), is(동사), they(주어), are(동사)로 접속사가 없이 동사만 두 개다. Why the stories are so popular in all cultures is **that** they are generally easy to follow.와 같이 보어 자리의 절을 이끌 수 있는 that이 있어야 한다.

정답 X

3 해석 그가 남은 일생을 숨어서 지내야 한다는 것은 의심의 여지가 없다.

어휘 hide 숨다

풀이 little doubt은 의심의 여지가 없다는 확실성을 의미한다. 명사절 접속사 whether나 if는 '~인지 어떤지(아닌지)'로 불확실성을 의미하므로 확실성을 의미하는 표현과 함께 쓰지 못한다. wonder/question/doubt/don't know/don't decide/be not sure 등과 같이 불확실성을 의미하는 표현에서는 that이 아닌 whether나 if를 쓴다.
There is little doubt **that** he will have to remain in hiding for the rest of his life.와 같이 접속사 that으로 고친다.

정답 X

4 해석 준은 왜 정부가 일터에서 차별을 금하는 법률을 제정해야 하는지에 관한 글을 쓸 것이다.

어휘 legislate 법률을 제정하다   discrimination 차별

풀이 이 문장에서 why는 전치사 뒤의 명사절 접속사로 쓰였다.
Jun will write about why **the government should** legislate against discrimination in the workplace.로 고친다.

정답 X

5 해석 과학자들은 왜 그 나라 사람들이 장수하는지 오랫동안 알기를 원하고 있다.

풀이 타동사 know의 목적어 자리에 접속사가 두 개 쓰였다. that을 삭제해야 한다.
know의 목적어로 that절보다는 이유를 나타내는 why가 의미가 통한다.
~ know **that** the people in the country live so long. 그 나라 사람들이 오래 산다는 **것**
~ know **why** the people in the country live so long. **왜** 그 나라 사람들이 오래 사는지

정답 X

6

해석 그 사진작가는 어디에 가서 사진을 찍을지 아직 결정하지 않았다.

풀이 the photographer(주어), has not yet decided(동사), where 이하는 목적절인 문장으로 접속사가 두 개이므로 맨 앞의 That을 삭제한다.

정답 X

7

해석 우리가 어디에 있어 왔으며, 어디에 있으며, 어디로 갈 것인지를 멈추고 생각해 볼 필요가 있다.

풀이 접속사 다음에는 「주어+동사」의 순서이므로 where we have been, where we are today, and where we are going으로 고친다.

정답 X

8

해석 TV는 현재 많은 사람들의 삶에서 중요한 역할을 하고 있어서 그것(=TV)이 득인지 독인지 결정하는 것이 중요하다.

풀이 decide가 목적어로 that절을 취하고 있으나, 득인지 독인지를 결정하고 있으므로 that이 아닌 whether나 if가 접속사로 쓰여야 한다. Television now plays such an important part in so many people's lives that it is essential for us to try to decide **whether/if** it is a blessing or a curse.로 고친다.

정답 X

9

해석 갚겠다고 약속하고 빌려준 그 돈을 그가 갚을지 말지 모르겠다.

풀이 don't know의 목적어로 that절을 취하고 있다. 하지만 불확실성을 의미하는 don't know는 ~ or not과 결합될 수 있는 whether나 if절을 취해야 한다. I don't know **whether/if** he will pay back the money that I lent him on the promise that he would pay it back or not.으로 고친다.

정답 X

10

해석 한물간 스타 부부에 관한 논쟁의 중심은 태아의 죽음이 남편의 신체적 폭력에 의한 유산인지 아내에 의한 낙태인지 여부이다.

어휘 miscarriage 유산   abortion 낙태   former 이전의

풀이 원래 문장은 That the death of their unborn child was a miscarriage caused by the husband's physical violence or an abortion carried out by the wife is at the center of the former star couple's dispute.인데, 부사구인 at the center ~ 이하를 선행시키고 주어, 동사를 도치시킨 문장이다. 여기서 That부터 wife까지가 주어이다. 등위접속사 or가 있으므로 명사절 접속사 That을 Whether로 고쳐 whether A or B 구문을 만든다. 다시 부사구를 선행시켜 도치시키면 At the center of the former star couple's dispute is **whether** the death of their unborn child was a miscarriage caused by the husband's physical violence or an abortion carried out by the wife.이다.

정답 X

명사절을 이끄는 접속사 (2)

Must Check

주어나 보어 또는 목적어가
없는지를 확인한다.

불완전한 절을 이끄는 who(ever)/whom(ever)/what(ever)/which(ever)와 같은 명사절 접속사들은 접속사의 역할은 물론 주어나 보어, 또는 목적어의 역할까지도 겸한다. 따라서 상기 접속사들은 문장성분(주어, 보어, 목적어) 하나가 빠진 절만을 이끌 수 있다.

e.g.

I know **what is your dream.**
나는 너의 꿈이 무엇인지 알고 있다.

I am worried about **who will drive the car.**
나는 누가 그 차를 운전할지 걱정이다.

Whoever is running the company must be honest.
누구든지 그 회사를 운영하는 자는 반드시 정직해야 한다.

Example

________________ was decided at the conference disappointed me.

(A) It　　　　　　　　　　(B) When
(C) The news　　　　　　　(D) What

해석　회의에서 결정된 사항은 나를 실망시켰다.

풀이　문장의 동사는 disappointed이다. 빈칸부터 conference까지가 주어이므로 접속사가 있어야 한다. 그런데 주절 내 동사(was)의 주어도 없으므로 접속사의 역할과 주어의 역할을 동시에 할 수 있는 what만이 정답이다.

정답　(D)

문장이 옳으면 O, 틀리면 X를 고르세요.

1 You are free to take whichever you like.　(O , X)

2 Who comes to the party must bring some food.　(O , X)

3 Princess Anne always talked with whomever she liked and whatever she wanted.　(O , X)

4 That makes the animal right activists especially angry is the cruel way in which fur farms kill the animals.　(O , X)

5 Whoever wants to take the tropical island tour during the summer break signing up at the front desk.　(O , X)

6 Questions have arisen from victims and their families about who is responsible for these avoidable accidents.　(O , X)

7 People tend to elect whichever of the candidates seems best to them.　(O , X)

8 It is difficult for children to distinguish what is good and what is bad for health.　(O , X)

9 We don't care about what it will happen to the environment in the future as long as we are comfortable now.　(O , X)

10 Prof. Kim asked Pam whom she had been doing since her graduation.　(O , X)

1　**해석**　당신은 원하는 것은 무엇이든지 가질 수 있다.
　　　풀이　타동사 take는 목적어 whichever를 취하고 있으며 whichever는 like의 목적어 역할과 접속사의 역할을 하고 있다.
　　　정답　O

2　**해석**　파티에 오는 사람이라면 누구든지 음식을 가져와야 한다.
　　　풀이　Who는 '누구'라는 특정인을 지칭하는 반면 Whoever는 '누구든지'의 의미로 불특정인을 지칭한다. 파티에 오는 누가 음식을 가져오는 것이 아니라 파티에 오는 사람이라면 누구든지의 불특정인을 지칭해야 하므로 Whoever로 고친다.
　　　　　　Whoever comes to the party must bring some food.
　　　정답　X

3　**해석**　앤 공주는 좋아하는 누구와도 이야기를 했고 원하는 무엇이든지 했다.
　　　풀이　whomever she liked는 전치사 with의 목적어지만, whatever she wanted는 무엇의 목적어인지 알 수 없다. 등위접속사 and로 연결된 뒤에 타동사가 없으면 목적어 whatever 이하를 취할 수가 없으므로 talked with와 병치되는 동사 did가 있어야 한다.
　　　　　　Princess Anne always talked with whomever she liked and **did** whatever she wanted. (whomever는 접속사와 liked의 목적어, whatever는 접속사와 wanted의 목적어 역할을 하고 있다.)
　　　정답　X

4　**해석**　동물권리 운동가들을 특히 화나게 하는 것은 모피 농장에서 모피를 얻기 위해 동물들을 죽이는 잔인한 방법이다.
　　　풀이　명사절 접속사로 쓰이는 that은 완전한 형태의 문장만을 이끈다. makes의 주어가 없기 때문에 주어 역할을 할 수 있는 What으로 고친다.
　　　　　　What makes the animal right activists especially angry is the cruel way in which fur farms kill the animals.
　　　정답　X

5　**해석**　여름 방학에 열대섬으로 여행가고자 하는 사람이면 누구든지 안내데스크에서 서명해야 한다.
　　　풀이　Whoever부터 the summer break까지가 주어인데 문장의 동사가 없다. singing up은 동사가 아니므로 must sign up이라고 고쳐 동사를 만든다.
　　　　　　Whoever wants to take the tropical island tour during the summer break **must sign up** at the front desk.
　　　정답　X

6 **해석** 이러한 피할 수 있는 사건의 책임을 누가 질 것인지의 문제가 희생자와 가족들로부터 제기되고 있다.

어휘 be responsible for ~의 책임이다   avoidable 피할 수 있는

풀이 who 이하가 전치사 about의 목적절로 바른 문장이다.

정답 O

7 **해석** 사람들은 그들에게 최고로 보이는 후보자를 뽑는 성향이 있다.

어휘 tend to ~하는 경향이 있다   candidate 후보

풀이 타동사 elect의 목적어 자리에서 whichever가 seems의 주어이자 접속사로 쓰였다.

정답 O

8 **해석** 아이들은 건강에 무엇이 좋고 무엇이 나쁜지를 구별하기가 쉽지 않다.

풀이 타동사 distinguish의 목적어 자리에서 what이 is의 주어이자 접속사로 쓰였다.

정답 O

9 **해석** 우리는 지금 편하기만 하다면 미래의 환경에 무슨 일이 일어날지 신경 쓰지 않는다.

풀이 전치사 about의 목적어인 what 이하가 완전한 절의 형태를 갖춘 문장이다. what은 불완전한 절의 형태를 이끌기 때문에 주어 it을 생략해야 한다.
We don't care about **what will happen** to the environment in the future as long as we are comfortable now.

정답 X

10 **해석** 김 교수님은 팸에게 졸업 후 무엇을 하고 지냈는지를 물었다.

풀이 ask는 4형식 동사로 목적어를 두 개 취한다. Pam이 간접목적어, whom 이하가 직접목적어인데, doing의 목적어가 없다. 따라서 doing의 목적어와 동시에 접속사 역할을 하는 what으로 고친다.
Prof. Kim asked Pam **what** she had been doing since her graduation.

정답 X

시간과 조건절의 부사접속사

Must Check

시간, 조건 부사절에는
미래동사를 쓸 수 없다.

시간	조건
when ∼할 때	if 만일 ∼라면
whenever ∼할 때면 언제나	once 일단∼하면
while ∼하는 동안	in case ∼할 경우
after ∼후에	unless ∼하지 않는 한
before ∼전에	provided ∼한다면
since ∼이래로	providing ∼한다면
until ∼까지	as long as ∼한다면
as soon as ∼하자마자	
by the time ∼할 무렵	

시간과 조건의 부사절에서는 미래시제(will)를 쓰지 못하므로 미래 대신 현재시제로 쓴다. (단, 과거 동사의 경우는 해당사항이 없으므로 그대로 과거시제를 쓴다.)

e.g.

Time goes very fast **when one is busy**.
사람이 바쁠 때는 시간이 빨리 간다.

It will be long **before we meet again**.
우리가 다시 만나려면 오래 걸릴 것이다.

If it is fine tomorrow, we'll drive in the country.
내일 날씨가 좋다면 우리는 교외로 드라이브를 갈 것이다.

Example 1

You will have a good chance provided _______________.

(A) you will try   (B) try
(C) you try   (D) to try

해석 노력하기만 한다면 좋은 기회를 갖게 될 것이다.
풀이 provided와 providing은 접속사이다. 따라서 종속절은 절(주어+동사)로 고친다.
정답 (C)

Example 2

I always washes my hands after I _______________ home.

(A) get   (B) will get
(C) got   (D) gets

해석 나는 집에 도착하면 언제나 손을 씻는다.
풀이 after가 시간 부사절 접속사이므로 현재형 동사가 답이 된다.
정답 (A)

문장이 옳으면 O, 옳지 않으면 X를 고르세요.

1 I don't think any planes will be take off until the weather clears up. (O , X)

2 Let's buy a bottle of wine in case David come. (O , X)

3 Many people are trying to buy a house before consumption tax will be raised next year. (O , X)

4 By the time I reached the bank, the doors were closed. (O , X)

5 If shopping malls are built in the area, they cover large areas with buildings and parking lots instead of trees and grass. (O , X)

6 You may do anything you like, providing you do not give trouble to others. (O , X)

7 There is no chance for fat people to get slim unless they don't really watch what they eat. (O , X)

8 Hardly did she come home when she started to complain. (O , X)

9 She used to have pens and pads at hand just in case a great idea comes over her. (O , X)

10 As long as you will live under this roof, you will follow my rules. (O , X)

1   해석   날씨가 갤 때까지 어떤 비행기도 이륙할 것이라고 생각하지 않는다.

     어휘   take off 이륙하다

     풀이   until 이하가 시간 부사절로 현재시제가 쓰였다.

     정답   O

2   해석   데이비드가 올 경우를 대비해서 와인 한 병 사자.

     어휘   in case ~할 경우에 대비해서

     풀이   시간, 조건 부사절에는 미래 대신 현재 시제를 쓰는 것이지 동사원형을 쓰는 것이 아니므로 **comes**로 고친다.

     정답   X

3   해석   많은 사람들이 내년 소비세가 오르기 전에 집을 사려고 노력하고 있다.

     어휘   consumption tax 소비세

     풀이   시간, 조건 부사절에서는 미래 대신 현재시제를 쓰므로 will be는 is로 고친다.

        Many people are trying to buy a house before consumption tax **is** raised next year.

     정답   X

4   해석   내가 은행에 도착했을 때 문들이 닫혔다.

     풀이   「By the time+현재시제, will have p.p.」, 「By the time+과거시제, had p.p.」라는 공식으로 알아두면 편하다.

        By the time I reached the bank, the doors **had been closed**.로 고친다.

     정답   X

5   해석   만일 쇼핑몰이 이 지역에 지어지면, 그것들은 나무와 풀 대신 거대한 건물과 주차장으로 이 지역을 덮을 것이다.

     풀이   시간, 조건 부사절에서는 미래 대신 현재시제를 쓰는 것이 맞지만, 주절에는 미래시제를 쓴다.

        If shopping malls are built in the area, they **will cover** large areas with buildings and parking lots instead of trees and grass.

     정답   X

6   **해석** 다른 사람에게 문제를 일으키지 않는다면, 당신이 좋아하는 무엇이든 할 수 있다.

    풀이 providing이나 provided는 that과 함께 써도 되고, 단독으로 써도 되는 부사 접속사이다.

    정답 O

7   **해석** 자신들이 먹는 것에 주의를 기울이지 않는 한, 뚱뚱한 사람들이 날씬해질 가능성은 없다.

    어휘 watch 주시하다

    풀이 unless는 '~하지 않는 한'이라는 부정적인 의미로 부정어와 함께 쓰지 못한다. don't를 삭제하여 unless they really watch로 고친다.

    정답 X

8   **해석** 집에 오자마자 그녀는 불평을 하기 시작했다.

    풀이 「Hardly+had+주어+p.p. ~ when(=before)+주어+과거 동사」의 형태가 되어야 한다. Hardly **had** she come home when she started to complain.으로 고친다.

    정답 X

9   **해석** 그녀는 좋은 아이디어가 생각날 경우를 대비하여 펜과 메모지를 가까이에 두었었다.

    어휘 come over (생각 등이) 떠오르다

    풀이 시간, 조건 부사절에서 미래인 경우에 한하여만 현재형을 쓰는 것이다. 주절에 used to have는 과거이므로 조건 부사절의 동사 역시 과거 came이 되어야 한다.

    정답 X

10   **해석** 이 집에 사는 한 당신은 나의 규칙을 따라야 할 것이다.

    풀이 As long as는 조건의 부사접속사이므로 will live가 아닌 현재시제 live로 고친다. As long as you **live** under this roof, you will follow my rules.

    정답 X

양보	장소	원인	기타
although	where	as	in that
though	wherever	since	except that
even though		because	= save (that)
while		for	= but (that)
whereas		now that	
whether		inasmuch as	

e.g.

Although it was true, they did not believe it.
그것이 사실이었음에도 그들은 그것을 믿지 않았다.

You should not look down upon them simply **because they are poor.** 단지 가난하다고해서 그들을 무시하면 안 된다.

Example

________________ he was young, he supported his family.

(A) If   (B) Because
(C) Although   (D) Where

해석 그는 어렸지만 가족을 부양했다.
풀이 보기가 모두 부사접속사이다. 이런 유형의 문제는 반드시 해석하여 적절한 의미의
접속사를 찾아야 한다.
정답 (C)

☼ Must Check

부사접속사 문제는 반드시
해석한다.

문장이 옳으면 O, 옳지 않으면 X를 고르세요.

1   As I had to take care of the baby, I could not go to the concert. (O , X)

2   She is warmly welcomed wherever she goes. (O , X)

3   Now I have finished college, I must live independently of my parents. (O , X)

4   This exam will be more difficult than usual because in that it covers two chapters instead of one. (O , X)

5   While most students turned the assignment in on time, a few asked for an extension. (O , X)

6   Though they stick to conservative policies, whereas we hold to liberal ones. (O , X)

7   As the nurse already explained, all visitors must leave the hospital room now. (O , X)

8   Whether the judgment is accurate or not, once you accept it, so it will probably influence the way you respond to the matter. (O , X)

9   Some professors enjoy performing research, others would be more content to devote all their time to teaching. (O , X)

10 Even though every business is unique, there are many management principles which can be applied to any organization. (O , X)

1

해석 그 아기를 돌봐야 했기 때문에, 나는 콘서트에 갈 수 없었다.

어휘 take care of ~을 돌보다

풀이 As는 이유, 원인의 부사접속사이다.

정답 O

2

해석 그녀는 어디를 가든 환영받는다.

풀이 wherever는 장소의 부사접속사이다.

정답 O

3

해석 대학을 졸업했기 때문에, 나는 부모님으로부터 독립해서 살아야 한다.

풀이 Now는 접속사가 아니다. Now that이 이유, 원인의 접속사이므로 Now that으로 고친다.
Now that I have finished college, I must live independently of my parents.

정답 X

4

해석 이번 시험은 한 단원 대신 두 단원을 다룬다는 점에서 평소보다 어려울 것이다.

풀이 접속사가 두 개이다. 내용상 because(~때문에)보다는 in that(~라는 점에서)이 적절하므로 because를 삭제한다.
This exam will be more difficult than usual **in that** it covers two chapters instead of one.

정답 X

5

해석 대부분의 학생들이 제때 과제물을 제출한 반면, 몇 명은 연장을 요구했다.

어휘 extension 연기, 연장   on time 정각에, 제때에

풀이 While(접속사), most students(주어), turned in(동사), a few(주어), asked for(동사)로 바른 문장이다. 주어 a few는 a few (students)에서 students를 생략한 것이다.

정답 O

6   **해석** 그들이 보수적인 정책을 고수하는 반면, 우리는 민주적인 정책을 고수한다.

  어휘 stick to 고수하다   conservative 보수적인   liberal 민주적인

  풀이 접속사가 두 개이므로 내용상 whereas를 삭제한다. ones는 policies를 대신한 대명사이다.
     Though they stick to conservative policies, we hold to liberal ones.

  정답 X

7   **해석** 간호사가 이미 설명을 했기 때문에, 모든 방문객들은 병실을 지금 나가야 한다.

  풀이 As(접속사), the nurse(주어), explained(동사), all visitors(주어), must leave(동사)로 바른 문장이다.

  정답 O

8   **해석** 판단이 정확하든지 아니든지, 일단 그것을 받아들였으면, 그 문제에 반응하는 당신의 방식에 영향을 미칠 것이다.

  풀이 접속사가 세 개(Whether, once, so)이므로 내용상 so를 삭제한다.
     Whether the judgment is accurate or not, **once** you accept it, it will probably influence the way you respond to the matter.

  정답 X

9   **해석** 어떤 교수들은 연구 조사 하는 것을 즐기는 반면, 다른 교수들은 그들의 모든 시간을 가르치는 것에 헌신하는 데 만족스러워 한다.

  어휘 perform research 연구 조사   be content to ~에 만족하다

  풀이 접속사가 없다. some과 others의 반대되는 상황이므로 접속사 while을 써서 다음과 같이 고친다.
     While some professors enjoy performing research, others would be more content to devote all their time to teaching.(참고로 others는 other professors를 축약시킨 대명사이다.)

  정답 X

10   **해석** 모든 사업체는 독특하지만, 어떤 조직체에도 통용되는 원칙들은 존재한다.

  어휘 management principles 관리 원칙   organization 조직체

  풀이 Even though(접속사), every business(주어), is(동사), many management principles(주어), are(동사)를 갖춘 바른 문장이다.

  정답 O

문장이 옳으면 O, 옳지 않으면 X를 고르세요.

1 It's a hunk of change, but I hope it will help. (O , X)

2 Until the registrar makes a decision about your status, you must
stay in an unclassified category. (O , X)

3 The parents left a phone number with the babysitter in case of a
problem with their children. (O , X)

4 People will surge into the department store as soon as the door
will be opened. (O , X)

5 Whenever the mouse is lifted off the surface, so it shifts into a
lower power mode. (O , X)

6 I have no idea about when the meeting is supposed to start. (O , X)

7 He was still sick was obvious to the entire medical staff. (O , X)

8 What is most important in this situation it is to finish on time by
ourselves. (O , X)

9 The government was overthrown in a revolution, the king could
not return to his homeland. (O , X)

10 Whereas most of the documents are complete, this form still
needs to be notarized. (O , X)

1
해석 얼마 안 되는 돈이지만 도움이 되기를 바란다.
어휘 hunk 덩어리
풀이 It(주어), is(동사), but(접속사), I(주어), hope(동사)를 갖춘 바른 문장이다.

2
해석 교무과장이 당신에 관한 지위를 결정할 때까지, 당신은 미 분류 상태의 범주에 머물러 있어야 한다.
어휘 registrar 호적 담당자, 교무과장   status 신분, 지위   unclassified 분류되지 않은
category 범주
풀이 Until(접속사), the registrar(주어), makes(동사), you(주어), must stay(동사)로 바른 문장이다.

3
해석 그 부모는 그들의 아이들에게 문제가 생겼을 경우를 대비해서 베이비시터에게 번호를 남겨 두었다.
풀이 in case는 접속사지만 in case of는 전치사이므로 절을 연결할 수 없다. of를 삭제하여 접속사로 써
야 한다.
The parents left a phone number with the babysitter **in case** a problem with their
children.

4
해석 백화점 문이 열리자마자 사람들이 몰려들 것이다.
어휘 surge into 밀려 들어오다
풀이 시간, 조건 부사절에서는 미래시제가 아닌 현재시제를 써야 하므로 as soon as **the door is
opened**로 고친다.

5
해석 표면에서 떨어질 때마다 마우스는 절전 모드로 전환된다.
어휘 surface 표면   lower power mode 절전 모드
풀이 접속사가 두 개(Whenever, so)이다. 내용상 **so**를 삭제한다.

6
해석 모임이 언제 시작하기로 되어 있는지 나는 모르겠다.
어휘 be supposed to ~하기로 되어 있다
풀이 when 이하가 전치사 about의 명사절 접속사로 바른 문장이다.

7
해석 그가 여전히 아프다는 것이 전체 의료진에게는 분명했다.
풀이 접속사가 없다. was가 두 개인데, 두 번째 was까지가 문장의 주어이다.
That he was still sick was obvious to the entire medical staff.

8 **해석** 이 상황에서 가장 중요한 것은 제때 우리 힘으로 끝내는 것이다.

풀이 What is most important in this situation까지가 주어인데, 주어 it이 또 있으므로 중복된다. it을 삭제해야 한다.

What is most important in this situation is to finish on time by ourselves.

9 **해석** 혁명으로 정부가 전복되었기 때문에, 왕은 고향으로 돌아갈 수 없었다.

어휘 overthrow 타도하다, 전복시키다   revolution 혁명

풀이 접속사가 없다. 내용상 이유, 원인의 접속사 As를 문두에 쓴다.

As the government was overthrown in a revolution, the king could not return to his homeland.

10 **해석** 서류의 대부분이 완벽하지만 이 서류는 공증받을 필요가 있다.

어휘 document 서류   complete 완벽한   notarize 공증하다

풀이 Whereas(접속사), most(주어), are(동사), this form(주어), needs(동사)로 바른 문장이다.

정답

1. O   2. O   3. X   4. X   5. X   6. O   7. X   8. X   9. X   10. O

THAT의 여러 가지 쓰임

1 관계대명사 that : 선행사 + that + 불완전 문장

I bought a book **that** is very interesting. 내가 구입한 책은 매우 흥미롭다.

⇨ 선행사(book) 뒤의 that은 관계대명사이고, 관계대명사 이하는 불완전 문장이다. is(동사), very interesting(보어)으로 주어가 없다.

2 명사절 접속사 that : 선행사 없이 that절이 완전하며 주어, 보어, 목적어 자리에 위치

I know **that** he is honest. 나는 그가 정직하다는 것을 알고 있다.

⇨ 선행사 없이 동사 뒤에 오는 that은 접속사이다. that은 know의 목적어 자리의 명사절 접속사이다.

3 동격의 that : 선행사 + that + 완전 문장

There is a rumor **that** Tom married Susan last week. 톰이 수잔과 지난주에 결혼했다는 소문이 있다.

⇨ 「선행사 + that」 뒤에 완전한 문장이 오면, that은 관계대명사가 아니라 동격을 나타낸다. Tom(주어), married(타동사), Susan(목적어)으로 that 이하가 완벽한 문장이다.

4 형용사의 보어 that : 명사가 형용사 뒤에서 형용사의 수식을 받듯이 명사절도 형용사 뒤에 위치할 수 있다.

I am really sorry **that** I couldn't accept his invitation. 그의 초대를 받아들이지 못하여 몹시 미안하다.

I am sure **that** I will be a valuable asset to your company.

제가 귀사에 귀중한 자산이 될 것으로 확신합니다.

I was surprised **that** my friend was in the movie. 내 친구가 그 영화에 나와 놀랐다.

I am convinced **that** aliens exist on other planets. 나는 다른 행성에 우주인이 존재한다고 확신한다.

5 부사절 접속사 that : 너무 ~해서 ~하다

so+형용사/부사+that : 너무 ~해서 ~하다

Jun is so kind **that** everybody likes him. 준은 친절해서 사람들이 그를 좋아한다.

= Jun is so kind a man **that** everybody likes him.

= Jun is such a kind man **that** everybody likes him.

≠ Jun is such kind **that** everybody likes him. (X)

⇨ 「so+형용사+that」은 「so+형용사+a+명사+that/such+a+형용사+명사+that」으로 쓸 수 있다. 그러나 「such+형용사+that」의 형태로는 쓸 수 없다.

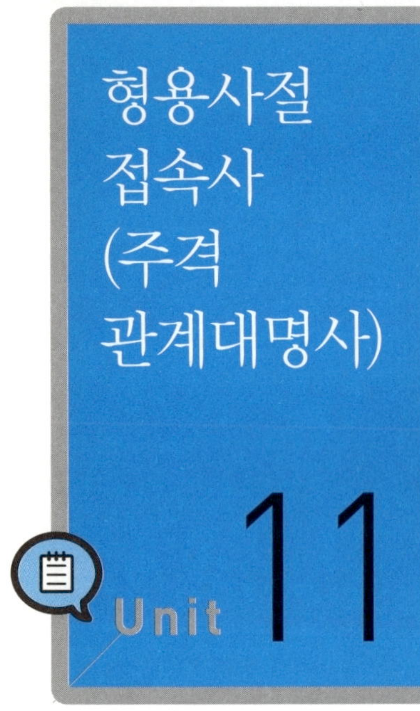

Must Check

선행 명사와 동사의 개수를 확인하라.

주격 관계대명사는 접속사와 주어의 역할을 동시에 한다. 따라서 선행 명사 뒤의 who(for people), which(for things), that(for people or things) 이하에 주어가 없다면 주격 관계대명사이다.

e.g.

She needs a secretary **who types fast.**
그녀는 빨리 타자를 치는 비서가 필요하다.

A secretary **who types fast** is invaluable.
빨리 타자를 치는 비서는 유용하다.

The woman is filling the glass **that is on the table.**
그녀는 테이블 위의 잔을 채우고 있다.

The glass **that is on the table** contains milk.
테이블 위의 잔에는 우유가 채워져 있다.

Example

_________________ is on the table has four sections.

(A) The notebook　　　　(B) The notebook which
(C) Because the notebook　　(D) In the notebook

해석　테이블 위의 그 노트는 4단원으로 구성되어 있다.

풀이　동사가 두 개이므로 접속사가 필요하다. The notebook이 선행 명사가 되므로 주격 관계대명사가 필요하다.

정답　(B)

문장이 옳으면 O, 옳지 않으면 X를 고르세요.

1　The cappuccino which is served in this shop has a smooth, creamy texture.　(O , X)

2　Susan was the only one who made life bearable.　(O , X)

3　These plants can only survive in an environment where is extremely humid.　(O , X)

4　The scarf which matched the dress that was on sale.　(O , X)

5　Jun is one of those men whom I think always do their best, even in the most difficult time.　(O , X)

6　The clerk ran after the man who had left his credit card in the store.　(O , X)

7　The President is empowered to veto a bill which it has passed through Congress.　(O , X)

8　The neighbors reported the man who was trying to break into the house to the police.　(O , X)

9　The great civilization who had prospered for over a thousand years along the Indus River was destroyed around 1500 B.C.　(O , X)

10　The real beauty of having material wealth is that you don't have to worry about paying the bills and you have more energy to be concerned about the things what matter.　(O , X)

1
해석 이 가게에서 제공되는 카푸치노는 부드러운 크림 느낌이다.
풀이 The cappuccino(주어=선행사), which(주격 관계대명사), is served(형용사절의 동사), has(본동사)로 바른 문장이다.
정답 O

2
해석 삶을 견딜 만하게 해 주는 유일한 한 명이 수잔이다.
어휘 bearable 참을 만한, 견딜 만한
풀이 선행사 앞에 the only, the very, every, each 등의 표현이 있다면 선행사는 that을 쓰는 것이 우선이다. one은 사람을 의미하지만 「the only+one」이므로 관계사를 who가 아니라 that으로 고친다.
Susan was the only one **that** made life bearable.
정답 X

3
해석 이 식물들은 극도로 습한 환경에서만 자랄 수 있다.
어휘 survive 생존하다　environment 환경　extremely 극도로　humid 습한
풀이 where는 관계대명사가 아니다. is의 주어 역할을 할 수 있는 관계대명사 which나 that으로 고친다.
These plants can only survive in an environment **which/that** is extremely humid.
정답 X

4
해석 그 드레스와 잘 어울리는 스카프가 판매 중이었다.
어휘 match 잘 어울리다
풀이 The scarf(주어), matched(동사), was(동사)로 동사가 두 개이고, which와 that 두 개가 있다. that을 삭제해야 바른 문장이 된다.
The scarf **which** matched the dress was on sale.
정답 X

5
해석 내 생각에 준은 어려운 시기에서조차 최선을 다하는 그런 사람들 중 한 명이다.
풀이 I think는 삽입된 말로 문장의 의미에 영향을 주지 않는다. those men(선행사), do(동사)이므로 whom을 주격관계대명사 who로 고친다.
Jun is one of those men **who** (I think) always do their best, even in the most difficult time.
정답 X

6
해석 점원은 가게에 신용카드를 놓고 간 그 남자를 뒤쫓아갔다.

풀이 the man(선행사), who(주격 관계대명사), had left(형용사절의 동사)로 바른 문장이다.

정답 O

7
해석 대통령에게는 의회에서 통과된 법안을 거부할 수 있는 힘이 부여된다.

어휘 veto 거부권 ; 거부권을 행사하다

풀이 a bill(선행사), which(주격 관계대명사), it(주어), has passed(동사)로 주격 관계대명사가 있기 때문에 형용사절 내에 주어가 있어선 안 된다. 따라서 it을 생략해야 한다.

The President is empowered to veto a bill **which has** passed through Congress.

정답 X

8
해석 이웃들이 그 집으로 침입하는 그 남자를 경찰에 신고했다.

어휘 report 신고하다

풀이 the man(선행사), who(주격 관계대명사), was trying(동사)으로 바른 문장이다.

정답 O

9
해석 인더스 강을 따라 천 년 동안 번성했던 거대 문명이 기원전 1500년경에 멸망했다.

어휘 civilization 문명   prosper 번성하다

풀이 The great civilization(주어=선행사), who(주격 관계대명사), had prospered(동사)로 바른 문장 같지만, 선행사인 civilization은 사람이 아닌 사물의 개념으로 볼 수 있다. 따라서 who를 which나 that으로 고쳐야 한다.

The great civilization **which/that** had prospered for over a thousand years along the Indus River was destroyed around 1500 B.C.

정답 X

10
해석 경제적으로 여유로운 것의 진정한 미덕은 납부해야 할 고지서에 대해 걱정할 필요 없이 중요한 것에 집중할 수 있는 에너지를 갖는 것이다.

어휘 material wealth 물질적 부

풀이 the things(선행사), what(명사절 접속사), matter(동사)이다. 선행사가 있기 때문에 명사절 접속사인 what을 써선 안 되고 관계대명사 which나 that으로 고쳐야 한다.

The real beauty of having material wealth is that you don't have to worry about paying the bills and you have more energy to be concerned about the things **which/that** matter.

정답 X

형용사절 접속사 (목적격 관계대명사)

Unit 12

☼ Must Check

관계사 이하에 주어가
없는지, 목적어가 없는지를
확인한다.

목적격 관계대명사는 접속사와 목적어의 역할을 동시에 한다. 따라서 선행 명사 뒤의 whom(for people), which(for things), that(for people or things) 이하에 목적어가 없다면 목적격 관계대명사이다.

e.g.

I liked the book **which you recommended**.
당신이 추천했던 책은 좋았다.

The book **which you recommended** was interesting.
당신이 추천했던 책은 흥미로웠다.

The woman is filling the glass **that she put on the table**.
그녀는 테이블 위에 둔 잔을 채우고 있다.

The glass **that she put on the table** contains milk.
그녀가 테이블 위에 둔 잔에 우유가 채워져 있다.

Example

The gift _______________ selected for the bride was rather expensive.

(A) because   (B) was
(C) since   (D) which we

해석 우리가 신부를 위해서 고른 그 선물은 다소 비싼감이 있다.

풀이 동사가 두 개(select, was)이며, select는 타동사이므로 목적어가 있어야 하는데 문장 내에 목적어가 없다. 따라서 접속사와 목적어의 역할을 동시에 하는 목적격 관계대명사가 답이 된다.

정답 (D)

문장이 옳으면 O, 옳지 않으면 X를 고르세요.

1   I'm not really sure about taking part in the program that we
    discussed last night.   (O , X)

2   The dictionary which my teacher gave me last year very useful.   (O , X)

3   In my house I have all kinds of paintings, most of them are from
    exotic countries.   (O , X)

4   Nirvana is the word that Hindus use it to describe a sense of
    inner peace.   (O , X)

5   The movie which we watched on cable last night that was really
    frightening.   (O , X)

6   The men with whom we were having the discussion did not
    seem very friendly.   (O , X)

7   There are twenty species of wild roses in North America, all
    of them have prickly stems, pinnate leaves, and large flowers
    usually smell sweet.   (O , X)

8   The one thing that I want to experience before I die to travel
    whole world by yacht.   (O , X)

9   The enthusiasm with which he greeted me made us feel
    welcome.   (O , X)

10 How much pigment builds up in the iris is controlled by our
    genes, which we inherit from our parents.   (O , X)

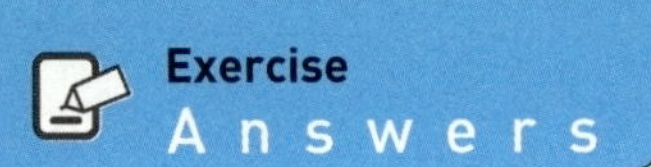

1

해석 우리가 지난밤 토론했던 그 프로그램에 참석할지에 관하여 나는 확신이 없다.

어휘 take part in 참가하다, 참여하다

풀이 the program(선행사), that(목적격 관계대명사), we(주어), discussed(타동사)로 바른 문장이다.

정답 O

2

해석 선생님께서 작년에 나에게 주신 그 사전은 정말로 유용하다.

풀이 the dictionary(주어=선행사), which(목적격 관계대명사), my teacher(주어), gave(타동사), me(간접목적어) 다음에 동사가 와야 한다.

The dictionary (which my teacher gave me last year) is very useful.과 같이 문장의 본동사(is)가 있어야 한다.

정답 X

3

해석 나는 이국적인 국가들에서 수집한 모든 종류의 그림을 우리 집에 두고 있다.

풀이 문장에 접속사(=관계대명사)가 없다.

In my house I have all kinds of paintings, and most of them are from exotic countries.에서 접속사 and와 대명사 them을 대신해서 관계대명사 which를 사용하면

In my house I have all kinds of paintings, most of which are from exotic countries.

가 된다.

정답 X

4

해석 해탈은 힌두교 인들이 내면의 평화를 묘사하는 단어이다.

풀이 that과 it(=the word)이 같은 목적어이므로 it을 삭제한다.

Nirvana is the word that Hindus use to describe a sense of inner peace.

정답 X

5

해석 우리가 지난밤 케이블에서 본 그 영화는 정말로 무서웠다.

어휘 frightening 무서운

풀이 관계대명사가 두 개이므로 그중 하나인 that을 삭제해야 한다. The movie가 주어, was가 동사이다.

정답 X

6

해석 우리와 토론을 했던 그 사람들은 친절해 보이지 않았다.

풀이 원래 이 문장은 The men and we were having the discussion with them did not seem very friendly.이다. The men이 주어, did not seem이 동사이다. 접속사 and와 대명사 them을 관계대명사 whom으로 바꾸어 쓰면

The men we were having the discussion with whom did not seem very friendly.이다. 이때 with whom을 접속사 자리로 보내면

The men with whom we were having the discussion did not seem very friendly.가 되는 것이다.

정답 O

7 **해석** 북아메리카에는 20종의 야생 장미가 있다. 이들 모두는 가시로 뒤덮인 줄기, 날개 모양의 잎, 그리고 달콤한 향이 나는 꽃을 가지고 있다.

어휘 prickly 가시로 뒤덮인   stem 줄기   pinnate 날개 모양의

풀이 문장에 접속사(=관계대명사)가 없다.

원래 이 문장은 There are twenty species of wild roses in North America, **and** all of **them** have prickly stems, pinnate leaves, and large flowers usually smell sweet. 이다. 여기서 접속사 and와 대명사 them을 관계대명사 which로 대신하여 There are twenty species of wild roses in North America, all of **which** have prickly stems, pinnate leaves, and large flowers usually smell sweet.로 바꿀 수 있다.

정답 X

8 **해석** 내가 죽기 전에 경험해 보고 싶은 한 가지는 바로 요트로 전 세계를 여행하는 것이다.

풀이 The one thing(주어=선행사), that(목적격 관계대명사), I(주어), want(타동사) 다음에 문장 주어인 The one thing에 대한 동사가 와야 한다.

The one thing that I want to experience before I die **is** to travel whole world by yacht.와 같이 문장의 본동사 is가 있어야 한다.

정답 X

9 **해석** 그의 열성적인 인사가 우리를 환영한다는 것을 느끼게 해 주었다.

풀이 원래 이 문장은 The enthusiasm **and** he greeted me with **it**(=enthusiasm) made us feel welcome.으로, The enthusiasm이 주어, made가 동사이다.

접속사 and와 대명사 it을 관계대명사 which로 바꾸면

The enthusiasm he greeted me with which made us feel welcome.이다.

이때 with which를 접속사 자리로 보내면

The enthusiasm **with which** he greeted me made us feel welcome.이 된다.

정답 O

10 **해석** 홍채에 축적되는 색소의 양은 개개인의 유전자에 의해 결정되며, 이 유전자는 부모로부터 물려받는다.

어휘 pigment 색소   iris 홍채   gene 유전자   inherit 물려받다

풀이 which는 genes를 선행사로 하고, from의 목적어가 되는 목적격 관계대명사이다.

정답 O

문장이 옳으면 O, 옳지 않으면 X를 고르세요.

1 The part of the structure that has already been built needs to be torn down. (O , X)

2 The man who he just joined the baseball team is a great pitcher. (O , X)

3 The racquet with whom I was playing was too big and too heavy for me. (O , X)

4 The newspapers that were piled up on the front porch were an indication that the residents had not been at home in some time. (O , X)

5 I was surprised at the speed with which he learned to speak. (O , X)

6 I know the very person who will do the job quickly. (O , X)

7 Who that has a family to support should spend his money on gambling? (O , X)

8 She is an artist whom media are paintings and sculpture. (O , X)

9 This medicine is more expensive than older medicines, most of which are no longer effective. (O , X)

10 Unfortunately, the position which you are applying is no longer being offered. (O , X)

1 해석 이미 지어진 그 구조물의 일부분은 철거될 필요가 있다.
　　풀이 The part(주어), needs(동사), that(주격 관계대명사), has already been built(동사)를 갖춘 바른 문장이다.

2 해석 막 야구팀에 합류한 저 남자는 뛰어난 투수이다.
　　풀이 who(주격 관계대명사), he(주어), joined(동사). 주격 관계대명사 다음 주어가 그대로 있으므로 주어 he를 삭제해야 바른 문장이다.

3 해석 내가 가지고 경기한 라켓은 내겐 너무 크고 무거웠다.
　　풀이 The racquet was too big and too heavy for me, **and** I was playing with it.(= recquet)을 한 문장으로 연결하면, 접속사 and와 대명사 it을 대신해서 관계대명사 which를 쓸 수 있다.
The racquet I was playing was too big and too heavy for me **with which**. 이때 with which를 접속사 자리로 보내면 The racquet **with which** I was playing was too big and too heavy for me.가 된다.

4 해석 현관문 앞에 쌓여 있는 신문들은 한동안 집 안에 아무도 없었다는 것을 암시했다.
　　풀이 The newspapers(문장의 주어), that(주격 관계대명사), were piled up(형용사절의 동사), were(문장의 동사)로 바른 문장이다. an indication(선행사), that(동격의 that)에서 동격의 that 이하는 완전한 절의 형태이다.

5 해석 나는 그가 말을 배우는 속도에 놀랐다.
　　풀이 the speed(선행사), with which(전치사+관계대명사)가 있는 바른 문장이다.
I was surprised at the speed and he learned to speak with it(= the speed).에서 접속사 and와 대명사 it을 대신해서 관계대명사 which를 쓰면 I was surprised at the speed he learned to speak with which.가 된다.
이때 전치사 with와 which를 함께 접속사 자리로 보내면
I was surprised at the speed **with which** he learned to speak.가 된다.

6 해석 나는 그 일을 신속하게 할 안성맞춤인 사람을 알고 있다.
　　풀이 선행사 앞에 the very, the only, every 등이 있으면 관계대명사는 that이 우선이 된다. the very person이 나왔으므로 관계사는 who가 아니라 that으로 고쳐야 한다.
I know the very person **that** will do the job quickly.

7 해석 가족을 부양해야 할 누가 노름 따위에 돈을 쓸까?
　　풀이 that(주격 관계대명사), has(동사)로 바른 문장이다. 문장의 주어는 Who이고 문장의 동사는 should spend이다. 이처럼 선행사가 의문사인 경우 관계대명사로는 that만을 쓴다.

8 **해석** 그녀는 회화와 조각을 자신의 매체로 하는 예술가이다.

풀이 She is an artist, **and her** media are paintings and sculpture.에서 접속사 and와 대명사 her를 대신하여 관계대명사 whose로 고쳐야 한다.

She is an artist **whose** media are paintings and sculpture.

9 **해석** 이 약품들은 이제는 약효가 없어진 대부분의 오래된 약품들보다 더 비쌉니다.

풀이 ~ older medicines, **and** most of **them** are no longer effective.에서 접속사 and와 대명사 them이 관계대명사 which가 된 것이다.

This medicine is more expensive than older medicines, most of **which** are no longer effective.

10 **해석** 안됐습니다만, 당신이 신청한 자리는 더 이상 없습니다.

풀이 Unfortunately, the position is no longer being offered와 You are applying for it(=the position).을 하나의 문장으로 연결하면 The position **and** you are applying for **it** is no longer being offered.가 된다. 이때 접속사 and와 대명사 it을 관계대명사 which를 써서 Unfortunately the position **which** you are applying **for** is no longer being offer. 또는 The position **for which** you are applying is no longer being offered.라고 할 수 있다.

정답

1. O　　**2.** X　　**3.** X　　**4.** O　　**5.** O　　**6.** X　　**7.** O　　**8.** X　　**9.** O　　**10.** X

Chapter 3 축약

Must Check

V -ing와 V -ed(p.p.)를
확인한다.

「주격 관계대명사+동사」는 「동사원형+ing」로 축약할 수 있다.(축약된 형태가 being이라면 생략도 가능하다.)
「목적격 관계대명사」는 축약이 아닌 생략이 될 수 있다.
콤마(,)로 분리된 관계사절은 축약된 후 앞이나 뒤로 이동 가능하다.

e.g.

The woman **(who is) waving to us** is Jun's mother.
= The woman **waving to us** is Jun's mother.
우리에게 손을 흔드는 사람은 준의 어머니이다.

The letter **(which was) written last week** arrived today.
= The letter **written last week** arrived today.
지난주에 쓴 편지는 오늘 도착했다.

The pitcher **(that is) on the table** is full of beer.
= The pitcher **on the table** is full of beer.
테이블 위의 물병은 맥주로 가득하다.

The White House, **(which is) located in Washington**, is the home of the president.
= The White House, **located in Washington**, is the home of the president.
= **Located in Washington**, the White House is the home of the president.
워싱턴에 위치한 백악관은 대통령의 거주지이다.

The president, **(who is) now preparing to give a speech**, is meeting with his advisors.
= The president, **now preparing to give a speech**, is meeting with his advisors.
= **Now preparing to give a speech**, the president is meeting with his advisors.
연설을 준비 중인 대통령은 자신의 조언자와 모임 중이다.

Example

______________ on several different television programs, gave conflicting accountants of what had happened.

(A) He appeared   (B) Who appeared
(C) Appearing   (D) Appears

해석 몇 개의 다른 TV 프로그램에 출연하여, 그 목격자는 일어난 사건에 대하여 상반되는 진술을 했다.
풀이 The witness, who appeared ~, gave ~를 축약하면 The witness, appearing ~, gave ~가 된다.
정답 (C)

문장이 옳으면 O, 옳지 않으면 X를 고르세요.

1   The new building donated by the George Need family will be used as a museum for local history.   (O , X)

2   The children sat in the fancy restaurant made much noise.   (O , X)

3   Serving a term of five years, the president will return to his hometown next year.   (O , X)

4   Finding in all parts in the state, rabbits are the most common animals in Kansas.   (O , X)

5   The fans who supporting their team always come out to the games in large numbers.   (O , X)

6   People addicted to the violent game are prone to violence, even when they are not playing.   (O , X)

7   The pizza placing on the picnic table attracted a large number of insects.   (O , X)

8   Impressed with everything she had heard about the course, Jane signed her children up for it.   (O , X)

9   The passengers in the airport waiting room, heard the announcement of the canceled flight, complained here and there.   (O , X)

10   Invented in China about 105 A.D., paper was manufactured in Baghdad and later in Spain four hundred years before the first English paper mill was founded.   (O , X)

1

해석 조지 니드 가문에 의해 기부된 새 건물은 지역의 역사를 위한 박물관으로서 사용될 것이다.

풀이 The new building **which is** donated by the George Need family will be used ~에서 which is가 being으로 축약되었다가 생략되었다. 건물이 기부된 것이므로 수동태(is donated)가 된 것이다.

정답 O

2

해석 고급 음식점에 앉아 있던 아이들은 시끄럽게 떠들었다.

풀이 The children(주어), sat(동사), made(동사)로 틀린 문장이다.
The children **who sat** in the fancy restaurant ~에서 who sat을 축약하면 sitting이 된다. 그러므로 The children **who sat** in the fancy restaurant made much noise. 또는 The children **sitting** in the fancy restaurant made much noise.로 고쳐야 한다.

정답 X

3

해석 5년의 임기를 채운 후에 대통령은 내년에 고향으로 돌아갈 것이다.

풀이 The president, **who is** serving a term of five years, will return to his hometown next year.에서 who is serving을 축약하면 serving이 된다. 이 형용사구를 앞으로 보내면
Serving a term of five years, the president will return to his hometown next year.가 된다.

정답 O

4

해석 이 주의 모든 곳에서 발견되는 토끼들은 캔사스에서 가장 흔한 동물이다.

풀이 토끼가 발견하는 것이 아니라 발견되는 것이므로 수동태로 고친다.
Rabbits, **which are found** in all parts in the state, are the most common animals in Kansas.에서 which are found를 축약하면 found가 된다. 이 형용사구를 앞으로 선행하면
Found in all parts in the state, rabbits are the most common animals in Kansas.가 된다.

정답 X

5

해석 자신들의 팀을 응원하는 그 팬들은 항상 많은 인원으로 게임에 나타난다.

풀이 관계대명사절에는 반드시 동사가 있어야 하는데 who 이하에 동사가 없다.
The fans **who support** their team always come out to the games in large numbers.라고 쓰던지 형용사구로 축약해서 The fans **supporting** their team always come out to the games in large numbers.라고 써야 한다.

정답 X

6 **해석** 폭력적인 게임에 중독된 사람들은 심지어 게임하지 않을 때도 폭력적인 경향이 있다.

어휘 be prone to ~하는 경향이 있다

풀이 People(주어), (who are) addicted to the violent game(형용사구), are prone to(동사)로 바른 문장이다. 사람들이 중독된 것이므로 과거분사(addicted)가 된 것이다.

정답 O

7 **해석** 피크닉 테이블에 놓여 있던 피자가 많은 벌레를 끌어들였다.

풀이 피자가 놓는 것이 아니라 놓여 있는 것이므로 수동을 나타내는 과거분사(placed)가 와야 한다.
The pizza **which was** placed on the picnic table attracted a large number of insects.를 형용사구로 축약해 The pizza **placed** on the picnic table attracted a large number of insects.로 고친다.

정답 X

8 **해석** 그 과정에 관한 것을 듣고 모든 것이 인상적이었던 제인은 자신의 아이들을 등록시켰다.

어휘 sign up for 등록하다, 신청하다

풀이 문장의 주어는 Jane, 동사는 signed이다.
Jane, **who was** impressed with everything she had heard about the course, signed her children up for it.에서 who was impressed를 impressed로 축약할 수 있고, 형용사절을 앞으로 보내면
Impressed with everything she had heard about the course, Jane signed her children up for it.이 된다.

정답 O

9 **해석** 취소된 비행기의 소식을 듣고 대합실의 승객들이 여기저기서 항의했다.

어휘 announcement 발표   here and there 여기저기서

풀이 문장 내에 동사가 둘이다. 문장의 주어는 The passengers, 동사는 complained이다.
The passengers in the airport waiting room, **who heard** the announcement of the canceled flight, complained here and there.를 축약해
The passengers in the airport waiting room, **hearing** the announcement of the canceled flight, complained here and there.로 고칠 수 있다.

정답 X

10 **해석** 기원전 105년경 중국에서 발명된 종이는 바그다드에서 생산되었고, 나중에 영국에서 첫 번째 종이 공장이 설립되기 400년 전에 스페인에서도 생산되었다.

풀이 문장의 주어는 paper, 동사는 was이다.
Paper, **which was** invented in China about 105 A.D., was manufactured in Baghdad and later in Spain four hundred years before the first English paper mill was founded.에서 which was가 생략되어 invented가 된 것이다.

정답 O

Must Check

부사절 접속사 이하에 주어가 없다면 축약이다.

부사절의 주어와 동사 역시 동사원형+ing로 축약할 수 있다.(단, 부사절의 주어가 주절의 주어와 다르면 축약할 수 없다.) 이때 부사절의 의미를 정확히 하기 위하여 접속사를 생략하지 않기도 한다.

e.g.

Although **he is** rather unwell, the speaker will take part in the seminar.
= Although rather unwell, the speaker will take part in the seminar.
다소 몸이 좋지 않으나, 그 연설자는 세미나에 참석할 것이다.

When **you are** ready, you can begin your speech.
= When ready, you can begin your speech.
준비되면 당신은 연설을 시작할 수 있다.

Although **he feels** rather sick, the speaker will take part in the seminar.
= Although **feeling** rather sick, the speaker will take part in the seminar.
다소 몸이 아프나, 그 연설자는 세미나에 참석할 것이다.

When **you give** your speech, you should speak loudly and distinctly.
= When **giving** your speech, you should speak loudly and distinctly.
연설을 할 때 당신은 크고 분명하게 말을 해야 한다.

Example

When ________________, you are free to leave.

(A) the finished report　　(B) finished with the report
(C) the report　　(D) is the report finished

해석 리포트를 다 완성하면 당신은 자유로이 떠날 수 있다.

풀이 When you are finished with the report, you are free to leave.에서 부사절을 축약하면 When (being) finished with the report, you are free to leave.가 된다. 수동적 표현의 be finished with는 '~을 끝내다'라는 의미이다.

정답 (B)

문장이 옳으면 O, 옳지 않으면 X를 고르세요.

1 If used wisely, leisure promotes health, efficiency, and
happiness.   (O , X)

2 The ointment can be applied where it needed.   (O , X)

3 Although respecting his experience, his opinion differs from
mine in several important ways.   (O , X)

4 After carefully reviewed my paper, they finally accepted it to be
published in the journal of social science.   (O , X)

5 While cleaning out the room, they found several coins which had
fallen behind the sofa.   (O , X)

6 Although not selecting for the team, Jun attended all of the
games as a fan.   (O , X)

7 Jack Maculiffe had been the undefeated amateur boxing
champion before became the professional champion in 1885.   (O , X)

8 As fully understood his problem, I wanted to do something to
help him.   (O , X)

9 This kind of medicine is not effective unless taken as directed.   (O , X)

10 Though they located near the coast, the town does not get
much of an ocean breeze.   (O , X)

1

해석 현명하게 사용된다면 레저는 건강, 효율, 그리고 행복을 증진시킨다.

어휘 leisure 여가, 레저　promote 촉진시키다　efficiency 효율

풀이 If it(=leisure) is used wisely, leisure promotes health, efficiency, and happiness.에서 it is를 축약하면 being이 되고, being은 생략 가능하다.

정답 O

2

해석 그 연고는 필요한 곳에 바를 수 있다.

어휘 ointment 연고　apply (페인트 · 크림 등을) 바르다

풀이 The ointment can be applied where it(=ointment) is needed.에서 it is를 축약하면 being이 되고, being은 생략 가능하다. 축약하면 The ointment can be applied where needed.가 된다.

정답 X

3

해석 비록 내가 그의 경험을 존중하지만 그의 의견은 여러 개의 중요한 방식에 있어서 나의 의견과 다르다.

어휘 respect 존중하다　opinion 의견, 견해

풀이 Although **I respect** his experience, **his opinion** differs from mine in several important ways.에서 부사절의 주어는 I인데, 주절의 주어는 his opinion으로 주어가 다르다. 이렇게 주어가 다르면 축약은 불가능하다. 그러므로 그냥 부사절로 써야 한다.

정답 X

4

해석 나의 원고를 조심스럽게 검토한 후 그들은 그것을 사회과학 학술지로 출간하기로 받아들였다.

어휘 journal 학술지　social science 사회과학

풀이 After **they carefully reviewed** my paper, they finally accepted it to be published in the journal of social science.에서 부사절의 주어/동사(they reviewed)를 축약해 reviewing으로 고친다.

After **carefully reviewing** my paper, they finally accepted it to be published in the journal of social science.

정답 X

5

해석 청소하는 동안에 그들은 소파 뒤에 떨어져 있던 여러 개의 동전을 발견했다.

풀이 While **they were cleaning** out the room, they found several coins which had fallen behind the sofa.에서 부사절의 주어/동사(they were)를 축약하면 cleaning이 된다.

정답 O

6 **해석** 그 팀에 뽑힌 것은 아니었지만 준은 모든 게임에 팬으로서 참석했다.

풀이 select의 목적어가 없다. 부사절의 주어인 he(=Jun)가 선택한 것이 아니라 선택된 것이므로 수동태가 되어야 한다.
Although **he was not selected** for the team, Jun attended all of the games as a fan.을 축약해 Although **not selected** for the team, Jun attended all of the games as a fan.으로 고친다.

정답 X

7 **해석** 1885년 프로 챔피언이 되기 전, 잭 맥컬리프는 무패의 아마추어 복싱 챔피언이었다.

풀이 부사절 접속사 before 이하에 동사만 보이고 주어가 없다.
Jack Maculiffe had been the undefeated amateur boxing champion before **he became** the professional champion in 1885.라고 부사절로 쓰거나
Jack Maculiffe had been the undefeated amateur boxing champion before **becoming** the professional champion in 1885.로 고친다.

정답 X

8 **해석** 그의 문제를 완전히 이해했기 때문에 나는 그를 도울 무언가를 하고 싶었다.

풀이 부사절 접속사 As 이하에 동사만 보이고 주어가 없다.
As I fully **understood** his problem, I wanted to do something to help him.과 같이 부사절로 쓰거나 As fully **understanding** his problem, I wanted to do something to help him.으로 고친다.

정답 X

9 **해석** 지시대로 섭취되지 않는 한 이러한 종류의 약은 효과가 없다.

풀이 This kind of medicine is not effective unless **it is taken** as directed.를 축약해서 (being) taken으로 고친 것이다.

정답 O

10 **해석** 해안가 근처에 위치했음에도 불구하고 그 마을은 바닷바람이 별로 불지 않는다.

풀이 주어가 town이므로 they가 아닌 it이 되어야 한다. Though **it is located** near the coast, the town does not get much of an ocean breeze.와 같이 수동태로 고친다. 이것을 축약하면 Though **located** near the coast, the town does not get much of an ocean breeze.이다.

정답 X

Must Check

의문사와 접속사를 구별하여
주어와 동사의 순서를
따진다.

1. 의문사(who, what, when, where, why, how) 다음은 의문문 순서

의문문 순서란? ┌ 일반 동사의 경우(do/does/did+주어+동사원형)
　　　　　　　├ be동사의 경우(be+주어)
　　　　　　　└ 조동사의 경우(조동사+주어+본동사)

e.g.

What is the homework? 숙제가 무엇이니?

When can I leave? 언제 떠날까?

Where are you going? 당신은 어디 갑니까?

2. 접속사(who, what, when, where, why, how) 다음은 S+V 순서

e.g.

I do not know **what** the homework is.
나는 숙제가 무엇인지 모르겠다.

When can I leave, I will take the first train.
내가 떠날 수 있을 때, 첫 기차를 탈 것이다.

Do you know **where** you are going?
당신은 어디로 가는지 아십니까?

Example

The lawyer asked the client why ＿＿＿＿＿＿ it.

(A) did he do　　　　　　　(B) did he
(C) he did　　　　　　　　(D) did

해석　변호사는 의뢰인에게 왜 그랬는지 물었다.

풀이　여기서 why는 절과 절을 연결하는 접속사이므로 뒤에는 「주어+동사」의 순서가 된
다.

정답　(C)

문장이 옳으면 O, 옳지 않으면 X를 고르세요.

1 Where do you think the main problems occur? (O , X)

2 The interest will depend on how much money do you put in, and how long you keep it in. (O , X)

3 The phone company is not certain when will the new directories be ready. (O , X)

4 How the new students can get information about midterm exam? (O , X)

5 What type of dressing would you like on your salad? (O , X)

6 The seeds only bud out when the temperatures are ideal and water is plentiful. (O , X)

7 How long did it take you to make robots and how many times you failed while making them? (O , X)

8 It is the lack of determination and will power that is the true reason why do so many people fail. (O , X)

9 The jury doubt what the witness said under cross-examination. (O , X)

10 You don't know where you are and where you're going, but you expect me to be able to help. (O , X)

1 　해석　핵심 문제가 발생하는 곳이 어디라고 생각하니?

　풀이　여기서 Where는 의문사이므로 「where+do(조동사)+you(주어)+think(본동사)」의 순서가 맞다.
where do you think 뒤에는 that이 생략되어 있다.

　정답　O

2 　해석　이자는 맡기신 금액과 기간에 따라 달라져요.

　풀이　여기서 how는 접속사이므로 「how much money+you(주어)+put(동사)」의 순서로 고쳐야 한다.
The interest will depend on how much money **you put** in, and how long you keep
it in.

　정답　X

3 　해석　전화 회사에서는 언제 새로운 전화번호부가 준비될지 확신하지 못한다.

　어휘　directory 전화번호부

　풀이　여기서 when은 접속사이므로 「when+the new directories(주어)+will be(동사)」의 순서로 고쳐야
한다.
The phone company is not certain **when the new directories will be** ready.

　정답　X

4 　해석　새로운 학생들이 어떻게 중간고사에 관한 정보를 얻을 수 있나요?

　풀이　여기서 How는 의문사이므로 「How+can(조동사)+the new students(주어)+get(본동사)」의 의문문
순서로 고쳐야 한다.
How **can the new students get** information about midterm exam?

　정답　X

5 　해석　샐러드에 어떤 드레싱을 얹어 드릴까요?

　풀이　여기서 What은 의문사이므로 「What type of dressing+would(조동사)+you(주어)+like(본동사)」의
순서가 맞다.

　정답　O

6 **해석** 그 씨앗들은 온도가 최적이 되고 물이 충분할 때만 싹을 틔웁니다.

  어휘 seed 씨앗   bud out 싹을 틔우다   temperature 온도   plentiful 충분한

  풀이 여기서 when은 접속사이므로 「when+the temperatures(주어)+are(동사)+and+water(주어)+is(동사)」의 순서가 맞다.

  정답 O

7 **해석** 로봇을 만드는 데는 얼마나 걸렸고 로봇을 만들면서 몇 번이나 실패를 했나요?

  풀이 and를 기준으로 의문사 How long ~과 how many times ~가 병치되어 있다. 둘 다 의문사이므로 의문문 순서로 연결되어야 하는데, 두 번째 how many times you failed가 잘못되었다.
  How long did it take you to make robots and how many times **did you fail** while making them?

  정답 X

8 **해석** 많은 사람들이 실패하는 진짜 이유는 결단력과 의지력 부족 때문입니다.

  어휘 lack 부족   determination 결심, 결단력   will power 의지력

  풀이 여기서 why는 접속사이므로 「why+so many people(주어)+fail(동사)」의 순서로 고쳐야 한다.
  It is the lack of determination and will power that is the true reason **why so many people fail**.

  정답 X

9 **해석** 배심원들은 반대 심문 하에서 목격자가 말한 것을 의심한다.

  어휘 cross-examination 반대 심문, 대질 심문

  풀이 여기서 what은 명사절 접속사로 said의 목적어이다.

  정답 O

10 **해석** 당신은 자신이 어디 있는지 어디로 가는지도 모르지만, 내가 도와줄 거라고 기대하고 있어요.

  풀이 여기서 where는 타동사 know의 목적어 자리에 쓰인 명사절 접속사로, and를 기준으로 「you(주어)+are(동사)」를 이끌고 있으므로 바른 문장이다.

  정답 O

문장이 옳으면 O, 옳지 않으면 X를 고르세요.

1 Not taking an umbrella, he stepped out into the pouring rain. (O , X)

2 Support for laws that prohibit the use of cellular telephones while drive is growing. (O , X)

3 The company president, needed a vacation, boarded a plane for the Monaco. (O , X)

4 Though disappointing with the results, he was pleased with what he had done. (O , X)

5 When bright-eyed and bushy-tailed, you should try to achieve your goal. (O , X)

6 The refugees filling with the desire to see their homeland again tried to escape the prison. (O , X)

7 Feeling lonely in the hospital, Sally wanted to try to get back to her life. (O , X)

8 Before you signing any partnership agreement, thoroughly examine all options. (O , X)

9 The special wall paper, a rather grainy type of wood, gave the room a rustic feeling. (O , X)

10 Your application will at least be reviewed if submitted by this month. (O , X)

1 **해석** 우산도 없이 그는 퍼붓는 빗속으로 뛰쳐나갔다.

  어휘 step out (밖으로) 나가다

  풀이 **As he did not take** an umbrella, he stepped out into the pouring rain.의 부사절을 분사구문으로 만들어 Not taking ~이 된 것이다.

2 **해석** 운전 중 휴대폰 사용을 금하는 법에 대한 지지가 점차 확산되고 있다.

  어휘 prohibit 금지하다

  풀이 We support for laws that prohibit the use of cellular telephones while we are driving is growing.을 축약하면

  Support for laws that prohibit the use of cellular telephones **while driving** is growing.이 된다. 문장에 보이지 않는 주어 We는 특정인을 의미하는 것이 아닌 막연한 일반인 주어로, 주로 생략한다.

  문장의 주어는 Support, 문장의 동사는 is growing이다. that은 주격 관계대명사이고 prohibit은 형용사절의 동사이다. 부사절 while (we are) driving이 삽입된 것이다.

3 **해석** 휴가를 필요로 하는 그 회사의 회장은 모나코 행 비행기에 탑승했다.

  풀이 The company president, **who needed** a vacation, boarded a plane for the Monaco.를 축약하면 who needed는 needing이 된다.

  The company president, **needing** a vacation, boarded a plane for the Monaco.

4 **해석** 결과에 실망했을지라도 그는 자신이 한 일에 기뻐했다.

  풀이 실망을 시킨 것이 아니라 실망한 것이므로 he was disappointed처럼 수동태로 써야 한다.

  Though he was disappointed ~를 축약하면 Though disappointing이 되므로 바른 문장이다.

5 **해석** 당신이 원기 왕성할 때, 당신의 꿈을 이루기 위해 노력해야 한다.

  어휘 bright-eyed and bushy-tailed 원기왕성한, 아이디어가 넘치는

  풀이 When **you are** bright-eyed and bushy-tailed, you should try to achieve your goal.을 축약한 바른 문장이다.

6 **해석** 고향을 다시 보고 싶다는 열망으로 가득 찬 난민들은 감옥을 탈출하려고 시도했다.

어휘 refugee 난민

풀이 fill의 목적어가 없다. 열망을 채운 것이 아니라 열망으로 가득 찬 것이므로 be filled with의 수동태가 되어야 한다. The refugees **who were filled with** the desire ~를 축약하면 (being) filled with the desire ~가 된다.

The refugees **filled** with the desire to see their homeland again tried to escape the prison.

7 **해석** 병원에서 외로움을 느꼈기 때문에, 샐리는 자신의 삶으로 돌아가길 원했다.

어휘 get back to ~로 돌아가다

풀이 As she felt를 Feeling으로 축약한 바른 문장이다.

8 **해석** 어떤 기업 제휴 협약을 체결하기 전에는 모든 선택의 여지를 철저히 검토하시오.

어휘 thoroughly 완전히, 철저히

풀이 부사절 Before you sign을 축약하면 Before signing이 된다.

Before **singing** any partnership agreement, thoroughly examine all options.

9 **해석** 나무의 상당히 오돌토돌한 형태를 가진 특별한 벽지가 소박한 느낌을 풍겼다.

어휘 rather 상당히   grainy 오돌토돌한   rustic 시골 특유의, 소박한

풀이 문장의 주어는 The special wall paper이고, 문장의 동사는 gave이다.

The special wall paper, **which is** a rather grainy type of wood, gave the room a rustic feeling.

형용사절 which ~ wood가 삽입된 것이고, 축약하면 which is는 being이 되는데, 이는 생략 가능하다.

The special wall paper, a rather grainy type of wood, gave the room a rustic feeling.

10 **해석** 이번 달까지 제출하면 당신의 신청서는 최소한 검토는 될 것입니다.

어휘 application 신청서   review 검토하다

풀이 application이 제출하는 것이 아니라 제출되는 것이므로 it is submitted가 된다.

Your application will at least be reviewed **if it is submitted** by this month.를 축약하면 Your application will at least be reviewed **if submitted** by this month.가 된다.

 정답

1. ○ **2.** X **3.** X **4.** ○ **5.** ○ **6.** X **7.** ○ **8.** X **9.** ○ **10.** ○

Chapter 4 도치

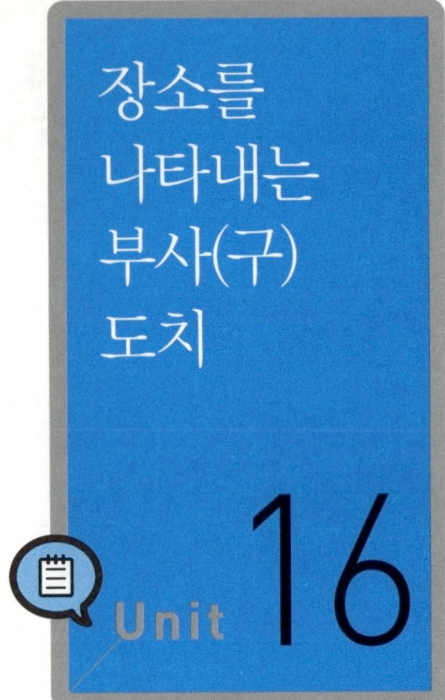

장소를 나타내는 부사(구) 도치

Unit 16

e.g.

Here is the book that you want to read.
당신이 읽고 싶어하는 책이 여기 있다.

There is the key that I thought I lost.
잃어버렸다고 생각했던 열쇠가 여기 있다.

Nowhere have I seen such a beautiful sky.
이런 아름다운 하늘을 어디에서도 본 적이 없다.

In the closet are the clothes that need washing.
옷장 속에 세탁을 필요로 하는 옷들이 있다.

Around the corner is Tom's house.
모퉁이에 톰의 집이 있다.

Beyond the mountains lies the town where we will live.
산 너머 우리가 살 마을이 있다.

In the forest are many exotic flowers.
숲 속에 많은 이국적인 꽃들이 있다.

In the forest I walked for many hours.
숲 속을 나는 오랫동안 걸었다.

Must Check

장소 부사구+be동사+주어,
장소 부사구+주어+
완전자동사의 어순을
확인한다.

Example

On the second level of the parking lot ______________.

(A) is empty　　　　　　　　(B) are empty
(C) some empty stalls are　　(D) are some empty stalls

해석　2층에 비어 있는 주차 구역이 있다.

풀이　be동사 문장의 장소 부사구가 선행되면 「be동사+주어」의 순서가 된다.

정답　(D)

문장이 옳으면 O, 옳지 않으면 X를 고르세요.

1   There will always be rebellions and unsatisfied people in the world.   (O , X)

2   In front of the house was some illegally parked cars.   (O , X)

3   In the wrecked ships vast treasure of gems and jewels were.   (O , X)

4   To the south the stream is that the soldiers will have to cross.   (O , X)

5   Around the corner are the offices that you are trying to find.   (O , X)

6   At the Korean restaurant was the food too spicy for my taste.   (O , X)

7   Beyond the troposphere is the second region of the atmosphere, the stratosphere.   (O , X)

8   In the Silverman Library in New York City is collections of medieval and Renaissance manuscripts.   (O , X)

9   In the forest and down the path are the cabins where we will be staying this week.   (O , X)

10   Among the problems that those involved in international marriages encounter is problems of loneliness, miscommunication, and differences in expectations.   (O , X)

1
해석 세상에는 항상 반란과 불만스러워 하는 사람들이 있다.
어휘 rebellion 반란 unsatisfied 불만족스러운
풀이 유도부사 There의 선행으로 「동사(will be)+주어(rebellions and unsatisfied people)」의 순서가 된다.
정답 O

2
해석 그 집 앞에는 불법 주차된 차들이 있었다.
어휘 illegally 불법적으로 park 주차하다
풀이 원래는 Some illegally parked cars **were** in front of the house.인데, 이를 도치하면 In front of the house **were** some illegally parked cars.가 된다.
정답 X

3
해석 난파선에는 많은 보석과 귀중품의 보물이 있었다.
어휘 wrecked ship 난파선 vast 막대한 treasure 보물 gem 보석
풀이 원래는 Vast treasure of gems and jewels was in the wrecked ships.인데, 장소 부사구를 도치하면 In the wrecked ships **was** vast treasure of gems and jewels.가 된다.
정답 X

4
해석 남쪽에 군인들이 건너야 할 개울이 있다.
어휘 stream 냇가, 개울
풀이 The stream(주어), that the soldiers will have to cross(형용사절), is(동사), to the south(장소 부사구). that부터 cross까지는 주어에 딸린 형용사절로, 이 둘은 분리될 수 없다.
장소 부사구를 도치 시켜 To the south **is** the stream that the soldiers will have to cross.로 고친다.
정답 X

5
해석 모퉁이에 당신이 찾는 사무실들이 있다.
풀이 The offices(주어), that you are trying to find(형용사절), are(동사), around the corner(장소 부사구)를 도치시키면 Around the corner are the offices that you are trying to find.가 된다.
정답 O

6 **해석** 한국 식당에서 먹은 그 음식은 내 입에 너무 매웠다.

   풀이 At the Korean restaurant(부사구), the food(주어), was(동사), too spicy(보어), for my taste.의 2형식 문장으로, 장소를 나타내는 부사구(At the Korean restaurant)가 문장에서 필수성분이 아닌 추가성분으로 쓰였기 때문에 도치가 발생하지 않는다.
   At the Korean restaurant **the food was** too spicy for my taste.로 고친다.

   정답 X

7 **해석** 대기권의 두 번째 층인 성층권은 대류권 위에 존재한다.

   어휘 troposphere 대류권   stratosphere 성층권

   풀이 Beyond the troposphere(부사구), is(동사), the second region(주어)으로 도치된 문장이다. the stratosphere는 주어 the second region과 동격이다.

   정답 O

8 **해석** 뉴욕 시의 실버만 도서관에는 중세와 르네상스의 원고 모음집이 있다.

   어휘 medieval 중세의   Renaissance 문예 부흥기(르네상스)   manuscript 원고

   풀이 collections가 주어이므로 동사는 복수형인 are로 고친다.
   In the Silverman Library in New York City **are** collections of medieval and Renaissance manuscripts.

   정답 X

9 **해석** 우리가 이번 주에 머물 오두막들은 숲 속 길 아래에 위치하고 있다.

   어휘 path 길   cabin 오두막

   풀이 In the forest and down the path(부사구), are(동사), the cabins(주어)로 도치된 문장이다. where we will be staying this week는 주어 the cabins의 형용사절이다.

   정답 O

10 **해석** 국제결혼에 관련된 사람들이 직면한 문제 중에는 외로움, 잘못된 의사전달, 그리고 기대의 차이점의 문제가 있다.

   어휘 miscommunication 잘못된 전달

   풀이 8번과 같은 맥락의 문제이다. 주어가 problems이므로 동사는 is가 아닌 are로 고쳐야 한다.
   Among the problems that those involved in international marriages encounter가 부사구이고, that은 목적격 관계대명사로 encounter의 목적어이다.
   Among the problems that those involved in international marriages encounter **are** problems of loneliness, miscommunication, and differences in expectations.

   정답 X

부정어 도치

Unit 17

부정어 다음은 의문문(조동사+주어+본동사) 순서이다.

no / not / never / neither / nor /
barely / hardly / only / rarely / scarcely / seldom

Rarely were they so happy.

부정부사　V　S

e.g.

Not once did I miss a question.
나는 한 문제도 틀리지 않았다.

Never has Tom taken a vacation.
톰은 휴가를 간 적이 없다.

At **no** time can the woman talk on the telephone.
그 여자는 결코 전화 통화를 한 적이 없다.

Hardly ever does he take time off.
그는 거의 휴가를 낸 적이 없다.

Only once did the manager issue overtime paychecks.
매니저는 초과 근무 수당 문제를 단 한 번 제기했다.

I do not want to go, and **neither** does Tom.
나는 가고 싶지 않고, 톰 역시 가고 싶어 하지 않는다.

The secretary is not attending the meeting, **nor** is her boss.
비서는 모임에 참석하지 않을 것이며, 그녀의 사장 역시 참석하지 않을 것이다.

💡 Must Check

부정어의 선행에 따른 주어,
동사의 순서를 확인한다.

Example

Only in extremely dangerous situation ________________
stopped.

(A) will be the printing presses
(B) the printing presses will be
(C) that the printing presses will be
(D) will the printing presses be

해석　단지 극한의 위험한 상황에서만 인쇄 기계는 멈출 것이다.

풀이　부정부사구(only) 다음에는 의문문 순서가 되어야 한다.

정답　(D)

Exercise 문장이 옳으면 O, 옳지 않으면 X를 고르세요.

1. Little did I know how lucky I was to live in such a wonderful country. (O , X)

2. On no occasion did any of these prisoners refused to be strip searched. (O , X)

3. Jim did not win the game, nor he expected to do so. (O , X)

4. Only extremely poor weather conditions keep planes on the ground these days. (O , X)

5. Never before the leaders of these two countries have met in an earnest attempt to resolve their difference. (O , X)

6. Under no circumstances would I do such a mean thing. (O , X)

7. Not until the end of the eighteenth century they accepted the Western culture. (O , X)

8. Hardly had I got on the highway when I saw two police cars following me. (O , X)

9. Barely had he finished the exam when the graduate assistant collected the papers. (O , X)

10. The soldiers did not arrive in time to save private Smith, and neither did the paramedics. (O , X)

1

해석 이처럼 멋진 국가에서 살 운명인지 나는 결코 알지 못했었다.

풀이 Little(부정부사), did(조동사), I(주어), know(본동사)로 도치된 문장이다.

원래 문장은 I little knew how lucky I was to live in such a wonderful country.이다.

정답 O

2

해석 이 죄수들 중 누구도 어떠한 경우라도 알몸 수색을 거절할 수가 없었다.

어휘 On no occasion 어떠한 경우에도 ～할 수가(이유가) 없다   strip search 알몸 수색

풀이 On no occasion(부정부사구), did(조동사), any(주어), refused(본동사)로 되어야 하는데 본동사가 과거형이므로 원형인 refuse로 고쳐야 한다.

On no occasion did any of these prisoners **refuse** to be strip searched.

정답 X

3

해석 짐은 경기에서 패했는데, 그럴 거라고(이길 거라고) 기대하지도 않았다.

풀이 nor는 부정 접속사로 「nor+의문문 순서」가 되어야 한다.

Jim did not win the game, **nor did he expect** to do so.로 고친다.

정답 X

4

해석 요새는 극도로 형편없는 날씨 상태에서만 비행기들이 이륙하지 않는다.

풀이 only가 주어를 수식하는 형용사가 아닌 부사를 수식하는 부사로 쓰여 문두에 선행되면 부정어 도치가 되므로 「Only+부사(구)+의문문 순서」가 된다. 여기서 extremely poor weather condition은 상황의 부사구이다.

Only extremely poor weather conditions **do planes keep** on the ground these days.

정답 X

5

해석 이 두 국가의 정상들은 전에는 결코 그들의 차이점을 해결하기 위해 진심 어린 시도로 만난 적이 없었다.

어휘 earnest 진심 어린   attempt 시도   resolve 해결하다

풀이 부정부사 Never가 선행되었으므로 주어, 동사는 의문문 순서가 되어야 한다. 주어가 the leaders, 동사가 have met이므로 아래와 같이 고친다.

Never before **have the leaders of these two countries met** in an earnest attempt to resolve their difference.

정답 X

6 **해석** 그 어떤 상황에서도 나는 비열한 짓은 하지 않을 것이다.

어휘 under no circumstances 어떠한 일이 있어도 결코 ~이 아니다

풀이 Under no circumstances(부정부사), would(조동사), I(주어), do(본동사)로 도치된 문장이다.

정답 O

7 **해석** 18세기 말이 되서야 그들은 서양 문화를 받아들였다.

어휘 Not until A ~ B(주절) A하고 나서야 비로소 B하다

풀이 Not until 구문에서 주어, 동사는 의문문 순서이므로 아래와 같이 고친다.
Not until the end of the eighteenth century **did they accept** the Western culture.

정답 X

8 **해석** 고속도로에 올라서자마자 나는 두 대의 경찰차가 따라오는 것을 보았다.

풀이 「Hardly had+주어+p.p ~ when+주어+과거 동사」는 '~하자마자 ~하다'라는 뜻이다.

정답 O

9 **해석** 그가 시험을 끝내자마자 조교가 시험지를 걷어 갔다.

어휘 graduate assistant 조교

풀이 부정부사 Barely의 문두에 오는 문장의 주어, 동사는 의문문 순서가 되어야 한다.
Barely(부정부사), had(조동사), he(주어), finished(본동사)로 도치되어 있다.
「Hardly(Barely, Scarcely)+had+주어+p.p.~ when(before)+주어+과거 동사」 : ~하자마자 ~
하다

정답 O

10 **해석** 이등병 스미스를 구하러 병사들은 제때 도착하지 않았고, 위생병 역시 도착하지 않았다.

어휘 private 이등병   paramedic 위생병

풀이 부정부사 neither 다음은 의문문 순서가 된다.
neither did the paramedics arrive에서 반복되는 동사 arrive는 생략되었다.

정답 O

가정법 도치

e.g.

If he had taken more time, the results would have been better.
= **Had he taken** more time, the results would have been better.
만일 그에게 더 많은 시간이 있었다면, 결과는 더 좋았을 것이다.

I would help you **if I were** in a position to help.
= I would help you **were** I in a position to help.
내가 도울 수 있는 위치에 있다면, 너를 도울 텐데.

If you should arrive before 6:00, just give me a call.
= **Should you arrive** before 6:00, just give me a call.
6시 전에 도착한다면 나에게 전화를 해라.

⚐ Must Check

주절에 조동사의
과거형(would, could)이
보이거나 Were, Should,
Had로 시작하는 문장은
가정법의 도치를 떠올린다.

Example

_________________ I was to failing, I would not have gone
to the party.

(A) When I realized how closely
(B) If I would have realized how closely
(C) Had I had realized how close
(D) Had I realized how close

해석 얼마나 낙제에 가까웠는지를 알았더라면, 나는 파티에 가지 않았을 것이다.
풀이 주절에 would not have gone이 있으므로 가정법 과거 구문이다. 따라서 If I had realized가 와야 하는데 보기에 없으므로 도치구문을 찾아보자. If를 생략하고 Had를 문두에 둔 Had I realized~가 정답이다.
정답 **(D)**

문장이 옳으면 O, 옳지 않으면 X를 고르세요.

1 Were I the boss, I would not lay off the employees who have worked more than 5 years.   (O , X)

2 There are plenty of blankets in the closet if should you get cold during the night.   (O , X)

3 Has he enough vacation days left this year, he will take two full weeks off in November.   (O , X)

4 Had we been informed of the decision, we might have had something to say about it.   (O , X)

5 If had I known that IBM was going to slash prices by that much, I wouldn't have bought my computer.   (O , X)

6 He would have been in big trouble had not he remembered the assignment at the last minute.   (O , X)

7 If your cousins come to visit, will they stay in a hotel or at your house?   (O , X)

8 Had the vehicles move faster, the accident, which was minor, could have been far worse.   (O , X)

9 Had I known you were coming, I would have baked a cake.   (O , X)

10 Should the volcano slope collapse and slide into the sea, a scientist warns, it has sent waves coursing through the Atlantic basin.   (O , X)

1 **해석** 만일 내가 사장이라면, 5년 넘게 일한 직원들을 해고하지는 않을 텐데.

  풀이 가정법 과거 문장 If I were the boss, I would not lay off the employees who have worked more than 5 years.에서 If를 삭제하고 의문문 순서로 도치시킨 문장이다.

  정답 O

2 **해석** 만일 밤에 춥다면, 옷장 안에 여분의 담요가 많이 있다.

  풀이 There are plenty of blankets in the closet(직설법)+if **you should** get cold during the night.(가정법 미래) 혼합 가정법으로 가정법 미래의 if절은 「if+주어+should+동사원형」 또는 「Should+주어+동사원형」으로 쓴다.

  정답 X

3 **해석** 만일 그에게 올해 여분의 휴가가 남아 있다면, 11월에 2주의 휴가를 갈 수 있다.

  풀이 조건절은 도치가 되지 않는데, 이 문장은 가정법이 아닌 조건절이므로 도치될 수 없다.

  If he has enough vacation days left this year, he will take two full weeks off in November.

  정답 X

4 **해석** 만일 우리가 그 결정을 들었다면, 그것에 관해 무언가 할 말이 있었을지도 모른다.

  풀이 가정법 과거완료 If we had been informed of the decision, we might have had something to say about it.에서 If를 생략하고 의문문 순서로 도치시킨 문장이다.

  정답 O

5 **해석** 만일 IBM사가 그렇게 가격을 내릴 줄 알았더라면, 내 컴퓨터를 구입하지 않았을 것이다.

  어휘 slash price 물가를 내리다

  풀이 가정법 과거완료 문장으로, 원래는

  If I had known that IBM was going to slash prices by that much, I wouldn't have bought my computer.이다. if를 생략하고 도치하여 「Had+주어+p.p」의 형태를 만들면 다음과 같다.

  Had I known that IBM was going to slash prices by that much, I wouldn't have bought my computer.

  정답 X

6 **해석** 마지막 순간에 그가 임무를 기억해 내지 못했더라면, 그는 큰 문제에 빠졌을 것이다.

어휘 assignment 임무, 과제

풀이 가정법 과거완료 문장으로, 원래는 He would have been in big trouble if he had not remembered the assignment at the last minute.이다. if를 생략하고 「Had+주어+p.p」의 도치구문으로 만들면 다음과 같다.
He would have been in big trouble **had he not** remembered the assignment at the last minute.

정답 X

7 **해석** 네 사촌들이 방문한다면, 그들은 호텔에 머물 거니, 아니면 너희 집에 머물 거니?

풀이 가정법이 아닌 조건문이다. 의문문이므로 바른 문장이다.

정답 O

8 **해석** 만일 그 차량들이 빠르게 이동했다면, 경미한 그 사고가 훨씬 나빴을 수도 있었다.

어휘 vehicle 탈것, 차량　　minor 작은, 심각하지 않은

풀이 가정법 과거완료 문장으로, 원래는 If the vehicles had moved faster, the accident, which was minor, could have been far worse.이다. if를 생략하고 도치구문으로 만들면 다음과 같다.
Had the vehicles moved faster, the accident, which was minor, could have been far worse.

정답 X

9 **해석** 만일 내가 당신이 온다는 걸 알았더라면, 케이크를 더 구웠을 텐데요.

풀이 가정법 과거완료와 직설법 혼용 문장을 도치문으로 쓴 문장이다. If I had known you were coming, I would have baked a cake.를 도치문으로(가정법 과거완료+직설법 과거+가정법 과거완료) 바꿨다.

정답 O

10 **해석** 한 과학자가 경고하기를, 화산면의 허리가 붕괴해서 바닷속으로 함몰한다면 대서양 전역을 가로질러가는 파도를 만들어 낼 것이라고 한다.

어휘 volcano slope 화산면　　collapse 붕괴하다　　Atlantic 대서양

풀이 「If+주어+should 원형, 주어+will(would) 원형」은 다음처럼 도치될 수 있다.
「(If 생략)+Should+주어+V ~, 주어+will(would) 원형」
따라서 has sent를 will(would) send로 고쳐야 한다. a scientist warns는 삽입절이다.
Should the volcano slope collapse and slide into the sea, a scientist warns, it **will/would send** waves coursing through the Atlantic basin.

정답 X

We were	more prepared than	the other performers.
S V	comparison	S

We were	more prepared than	the other performers were.
S V	comparison	S V

We were	more prepared than	were the other performers.
S V	comparison	V S

e.g.

Jun spends more hours in the library than **Tom**.
= Jun spends more hours in the library than **Tom does**.
= Jun spends more hours in the library than **does Tom**.
준은 톰보다 도서관에서 더 많은 시간을 보낸다.

Example

The results of the current experiment appear to be more consistent than ________________ the results of any previous tests.

(A) them
(B) were
(C) they were
(D) were they

해석 현재의 실험은 이전 실험 결과보다 더 일관성이 있는 것 같다.

풀이 than 이하의 the results가 주어이므로 동사가 있거나 없어도 상관없다. 그러나 보기 (A)의 them은 답이 될 수 없고, 나머지는 모두 동사가 있다. 앞 문장 동사가 appear로 일반동사이므로 than 이하에 대동사 does를 써야 할 것 같지만 보기에 없다. appear는 2형식 동사로, 2형식 동사의 경우 대부분 be동사로 대체할 수 있다.

정답 (B)

Must Check

as/then 이하에 동사가 있다면 앞 문장의 동사를 확인한다.

문장이 옳으면 O, 옳지 않으면 X를 고르세요.

1 The movie has gained more popularity than has any other movie
in previous years.　　　　　　　　　　　　　　　　　　　　(O , X)

2 People who live outside of Greencastle give the city higher
marks than does its own citizens.　　　　　　　　　　　　　(O , X)

3 Obviously we were much more excited with the performance
than did the other members of the audience.　　　　　　　(O , X)

4 The song that we listened to last night at the festival was far
better than any of the other songs.　　　　　　　　　　　　(O , X)

5 The vegetables at the market today are much fresher than were
those at the market yesterday.　　　　　　　　　　　　　　(O , X)

6 I am afraid that is the condition of these patients as bad as the
condition of the others.　　　　　　　　　　　　　　　　　(O , X)

7 The U.S. economy has expanded faster than most other
industrialized countries have.　　　　　　　　　　　　　　(O , X)

8 This pasta is not as well as the last one that you made.　　(O , X)

9 On the fishing trip, Jun caught twice as many fish as anyone
else were.　　　　　　　　　　　　　　　　　　　　　　　(O , X)

10 The final speaker gave us a more impression than had any of the
previous speakers.　　　　　　　　　　　　　　　　　　　(O , X)

1

해석 그 영화는 전년도의 다른 어떤 영화보다 더 많은 인기를 끌었다.

풀이 비교구문이므로 시제 일치의 영향을 받지 않는다. in previous years가 부사적 용법이라면 동사를 수식하므로 과거시제가 되어야 하지만, 형용사적 용법으로 사용되었으므로 반드시 과거시제가 오는 것은 아니다.

정답 O

2

해석 그린캐슬 밖에 사는 사람들이 그 도시의 시민들보다 더 높은 점수를 주고 있다.

풀이 여기서 does는 live의 대동사이다. 주어가 its own citizens로 복수이므로 does가 아닌 do로 고친다.
People who live outside of Greencastle give the city higher marks than **do** its own citizens.

정답 X

3

해석 틀림없이 우리가 다른 관객들보다 그 공연에 훨씬 더 흥분했다.

풀이 be동사의 대동사는 같은 be동사를 쓴다. 여기서는 were의 대동사이므로 did를 고쳐야 한다.
Obviously we were much more excited with the performance than **were** the other members of the audience.

정답 X

4

해석 어젯밤 축제에서 우리가 들었던 그 노래는 다른 노래들보다 훨씬 더 좋았다.

풀이 than 이하는 동사 없이 주어만 써도 되므로 바른 문장이다.

정답 O

5

해석 오늘 시장의 야채가 어제 시장의 야채보다 더욱 신선하다.

풀이 비교구문에서 than이나 as 이하의 주어가 대명사인 경우 도치가 되지 않는다.
The vegetables at the market today are much fresher than **those** at the market yesterday.처럼 동사를 쓰지 않거나 The vegetables at the market today are much fresher than **those** at the market **were** yesterday.라고 써야 맞다.

정답 X

6 **해석** 안타깝지만 이 환자들의 상태는 다른 환자들의 상태만큼이나 나쁘다.

  풀이 비교구문에서 than이나 as 이하는 도치가 가능하지만 than이나 as 앞은 도치하지 않는다.
I am afraid that **the condition of these patients is** as bad as the condition of the others.

  정답 X

7 **해석** 미국 경제는 대다수의 다른 선진 공업국들보다 빠른 속도로 성장했다.

  어휘 expand 확대되다, 확장시키다　　industrialized country 선진 공화국

  풀이 The U.S. economy has expanded faster than most other industrialized countries **have (expanded)**.

  정답 O

8 **해석** 이 파스타는 당신이 마지막으로 만든 것만큼 좋지 않다.

  풀이 be동사의 보어는 부사가 아닌 형용사이므로 well을 good으로 고친다.
This pasta is not as **good** as the last one that you made.

  정답 X

9 **해석** 낚시 여행에서 준은 다른 사람이 잡은 물고기의 두 배를 잡았다.

  풀이 caught는 일반동사이므로 as 뒤에서 대동사는 did로 고친다.
On the fishing trip, Jun caught twice as many fish as anyone else **did**.

  정답 X

10 **해석** 마지막 연사가 이전의 연사들보다 우리들에게 더 많은 감명을 주었다.

  풀이 gave는 일반동사이므로 than 뒤에서 대동사는 did로 고친다.
The final speaker gave us a more impression than **did** any of the previous speakers.

  정답 X

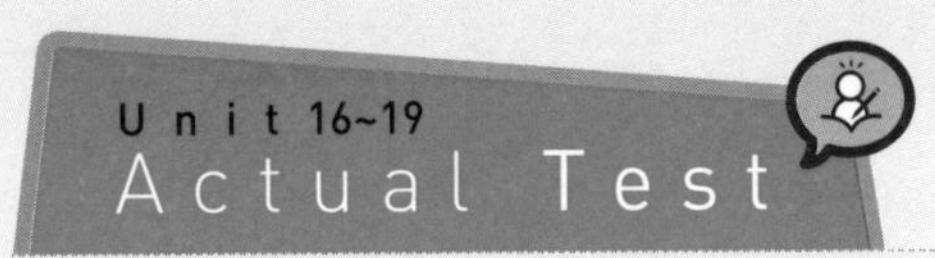

문장이 옳으면 O, 옳지 않으면 X를 고르세요.

1 The city council does not know why the land developers have changed their plans. (O , X)

2 Never in the world I believed that fortune's smiling on me after all. (O , X)

3 I know that some venture capitalists have a little more money than kids at Brown Middle School. (O , X)

4 Only when the entire nation understands the threat to its existence its people will be able to confront it. (O , X)

5 Down the hall to the left the door is that needs to be repaired. (O , X)

6 Did the witness explain what he saw in the house? (O , X)

7 Hardly ever it rains in this region of the country. (O , X)

8 Jun scored more points in yesterday's baseball final than had any other player in history. (O , X)

9 In the state of California, volcanic eruptions never occurs. (O , X)

10 Should he ever call again, tell him that I am not in my office. (O , X)

1 **해석** 시의회는 왜 토지 개발자들이 자신들의 계획을 수정했는지 모른다.
   어휘 city council 시 의회   developer 개발자
   풀이 why는 접속사로 「주어+동사」의 순서가 이어진다.

2 **해석** 운명의 여신이 결국 나한테 미소를 던질 것이라고 결코 생각지 못했다.
   풀이 「Never(부정어)+부사구(in the world)」 다음에 의문문 순서가 되어야 한다.
   Never in the world **did I believe** that fortune's smiling on me after all.

3 **해석** 나는 브라운 중학교 학생들보다는 벤처 투자가들이 돈이 훨씬 더 많다는 것을 알고 있다.
   어휘 capitalist 자본가
   풀이 비교구문 than 이하는 주어만 써도 된다.

4 **해석** 단지 국가의 존재에 위협이 있다는 것을 이해할 때만이 그 국가의 국민들은 위험에 맞설 수 있다.
   어휘 confront 맞서다
   풀이 「부정어(Only)+부사절(when ~ existence)」 다음에 의문문 순서가 되어야 한다.
   Only when the entire nation understands the threat to its existence **will its people be** able to confront it.

5 **해석** 복도 아래 좌측에 수리를 요하는 문이 있다.
   풀이 부사구의 선행에 따른 도치로 that needs to be repaired는 주어 the door의 형용사절이므로 다음과 같이 도치가 되어야 한다.
   Down the hall to the left **is the door** that needs to be repaired.

6 **해석** 그 목격자가 그 집에서 무엇을 보았는지 설명했는가?
   어휘 witness 증인
   풀이 what은 explain의 목적어 자리의 명사절 접속사로, 뒤에 he(주어), saw(동사)가 이어지는 바른 문장이다.

7 **해석** 그 나라의 이 지역은 비가 거의 오지 않는다.
   어휘 region 지방, 지역
   풀이 부정부사 Hardly의 선행으로 이후를 의문문 순서로 고쳐야 한다.
   Hardly ever **does it rain** in this region of the country.

8 **해석** 준은 어제 야구 결승전에서 역대 어떤 선수보다도 더 많은 득점을 올렸다.
   풀이 scored는 보통 명사로 than 뒤에서 대동사로 did를 쓴다. 따라서 had는 did로 고쳐야 한다.
   Jun scored more points in yesterday's baseball final than **did** any other player in history.

9 **해석** 캘리포니아 지역에서는 화산 활동이 절대 일어나지 않는다.
   어휘 eruption 폭발, 분화   occur 일어나다, 발생하다
   풀이 부사구 In the state of California는 콤마로 분리되었을 뿐 아니라 부가적인 전치사구이므로 도치가 일어나지 않는다.

10 **해석** 만일 그가 다시 전화하면, 내가 사무실에 없다고 그에게 말해라.
    풀이 **If he should** ever call again, tell him that I am not in my office.를 도치시킨 문장이다.
    가정법 미래에서 주절이 would나 could가 없는 동사원형의 명령문인 경우는 아주 흔한 문장이다.

정답

1. O   2. X   3. O   4. X   5. X   6. O   7. X   8. X   9. O   10. O

Chapter 5 일치

주어 뒤의 전치사구는 단지 주어를 설명하고 있을 뿐이다. 동사는 전치사구 뒤의 명사에 일치시키는 것이 아니라 주어에 일치시켜야 한다.

e.g.

The key to healthy diets **are** eating a variety of foods. (X)

The keys to a healthy diet **is** eating a variety of foods. (X)

The key to healthy diets **is** eating a variety of foods. (O)

The keys to a healthy diet **are** eating a variety of foods. (O)
건강한 다이어트의 비법은 음식을 골고루 먹는 것이다.

Example

An understanding of the (A) many alliances between political parties in the 1900s (B) is vital (C) to any analysis of the (D) cause of the Russian Revolution.

해석 1900년대 정당 간의 많은 연합에 대한 이해는 러시아 혁명의 원인 분석에 있어 필수적이다.

풀이 An understanding이 주어이므로 동사는 are가 아닌 is로 고친다.

정답 (B)

💡 **Must Check**

전치사구를 묶어 주어,
동사의 일치를 확인한다.

문장이 옳으면 O, 옳지 않으면 X를 고르세요.

1 The explorers on the sheer face of the cliff need to be rescued. (O , X)

2 One similarity between Chuseok and Thanksgiving are giving
thanks for the harvest. (O , X)

3 A number of accountants hired by the financial department on a
yearly basis is to be transferred to the L.A. branch. (O , X)

4 The trees destroyed by reckless logging is being planted at the
taxpayers' expense. (O , X)

5 The interrogation conducted by three police officers have lasted
for several hours. (O , X)

6 The board of directors is pleased to announce that Mr. Jun has
agreed to accept our offer for the position of CEO. (O , X)

7 The manufacture of the items that you requested have been
discontinued because of lack of profit on those items. (O , X)

8 Further development of any new ideas for future products has to
be approved in advance. (O , X)

9 The scheduled departure time of the buses, posted on bulletin
boards throughout the terminal, are going to be updated. (O , X)

10 Any Buildings built in that development before 1970 have to be
remodeled to meet current standards. (O , X)

1

해석 절벽 수직면의 그 탐험가들은 구조가 필요하다.

어휘 sheer 수직의   cliff 언덕

풀이 The explorers(주어), need(동사)를 갖춘 바른 문장이다.

정답 O

2

해석 추석과 추수감사절의 한 가지 유사점은 수확에 대한 감사이다.

어휘 similarity 유사점   Thanksgiving 추수감사절   harvest 수확, 추수

풀이 주어가 단수 One similarity이므로 동사는 is giving으로 고친다.
One similarity between Chuseok and Thanksgiving **is giving** thanks for the harvest.

정답 X

3

해석 매년 회계부서에 의해 고용된 회계사들은 L.A. 지점으로 이동될 예정이다.

어휘 accountant 회계사   financial department 회계부서   branch 지점

풀이 A number of는 복수 취급하므로 동사는 are로 고친다.
A number of accountants hired by the financial department on a yearly basis **are** to be transferred to the L.A. branch.

정답 X

4

해석 무분별한 벌목으로 파괴된 나무들이 납세자들의 비용으로 심어지고 있다.

어휘 reckless 무분별한   logging 벌목   expense 비용
at the taxpayers' expense 납세자들의 비용으로

풀이 주어가 복수 The trees이므로 동사는 are being planted로 고친다.
The trees destroyed by reckless logging **are being planted** at the taxpayers' expense.

정답 X

5

해석 세 명의 경찰관에 의해 수행된 심문은 세 시간째 지속되고 있다.

어휘 interrogation 심문

풀이 three police officers가 아닌 the interrogation이 주어이므로 동사는 has로 고친다.
The interrogation conducted by three police officers **has** lasted for several hours.

정답 X

6 **해석** 이사회는 준 씨가 우리 회사가 제의한 최고 운영자직을 받아들이기로 했음을 알려 드리게 되어 기쁩니다.

풀이 The board(주어), is pleased(동사)를 갖춘 바른 문장이다.

정답 O

7 **해석** 당신이 요구한 그 제품의 제조는 이익 창출의 부족 때문에 중단되었습니다.

어휘 manufacture 제조   discontinue 중단하다   lack of ~의 부족

풀이 주어가 단수 The manufacture이므로 동사는 has been discontinued로 고친다.

The manufacture of the items that you requested **has** been discontinued because of lack of profit on those items.

정답 X

8 **해석** 미래 제품에 대한 새로운 아이디어의 앞선 발전은 우선 승인을 받아야 한다.

어휘 approve 승인하다   in advance 우선, 먼저

풀이 Further development(주어), has to(동사)로 바른 문장이다.

정답 O

9 **해석** 터미널 전역의 게시판에 게재된, 버스들의 예정된 출발 시각은 업데이트될 것이다.

어휘 panel 제조   bulletin board 게시판   throughout 통털어

풀이 주어가 단수 The scheduled departure time이므로 동사는 is going to로 고친다.

The scheduled departure time of the buses, posted on bulletin boards throughout the terminal, **is** going to be updated.

정답 X

10 **해석** 1970년 이전 발전 명목으로 지어진 어느 건물이든 현재의 기준을 충족시키기 위해 재건축될 것이다.

어휘 development 발전   remodel 개조하다, 재건축하다   meet 충족시키다   current 현재의

풀이 Any Buildings(주어), have to(동사)를 갖춘 바른 문장이다.

정답 O

전부나 일부를 의미하는 부분사에서 주어, 동사의 일치가 중요하다.
아래 표현들은 모두 부분사로 전치사 of 뒤의 명사에 동사를 일치시
킨다.

all/most/some/none/certain/
the majority/the part/the portion/　+ of + 명사
the bulk/the rest/the half/분수

e.g.

All of the book **was** interesting. 그 책의 전부가 흥미로웠다.

All of the books **were** interesting. 그 책들의 전부가 흥미로웠다.

All of the information **was** interesting. 그 정보 모두가 흥미로웠다.

Example

(A) <u>Certain</u> of the methods developed (B) <u>as a result of</u> peace research (C) <u>is</u> now being studied at (D) <u>institutions of higher learning</u> around the world.

해석 평화 연구의 결과로 만들어진 일부 방법이 전 세계의 고등 교육 기관(대학교)에서 연구되고 있다.

풀이 certain은 부정대명사로서 some의 의미를 갖는 부분 표시 대명사이다. 그러므로 of 뒤의 명사인 methods에 일치시켜야 하므로 동사를 is가 아닌 are로 고쳐야 한다.

정답 (C)

☿ Must Check

부분사가 있는 문장에서는
동사의 수를 확인한다.

문장이 옳으면 O, 옳지 않으면 X를 고르세요.

1 Nobody knows where most of the people in the group are from.   (O , X)

2 All of the students in the class taught by Professor Jun is
required to turn in their term papers this Friday.   (O , X)

3 Half of companies hit by a natural disaster, such as a flood or
hurricane, goes out of business within five years.   (O , X)

4 The firefighters confirmed that most of the fire in the building
was extinguished.   (O , X)

5 Some of the mice in the laboratory was born with a gene that
leads to colon cancer.   (O , X)

6 All of the witnesses in the jury trial, which lasted more than two
weeks, have indicated that they believed that the defendant was
guilty.   (O , X)

7 In spite of what was decided at the meeting, some of the
procedures were not improved.   (O , X)

8 All of the clothes my mother sent me were wearable for that
warm climate.   (O , X)

9 Most of the problems that the employees discussed at the
series of meeting was resolved within a few weeks.   (O , X)

10 Nearly two thirds of those who exercise at least three times a
week says they are in very good or excellent health, compared
with only 43 percent of those who exercise less often.   (O , X)

1 **해석** 그룹 내 대부분의 사람들이 어디서 왔는지는 아무도 모른다.
　 풀이 주어인 people이 복수 명사이므로, 동사는 복수형인 are를 쓰는 것이 맞다.
　 정답 O

2 **해석** 준 교수가 가르치는 모든 학생들은 이번 금요일까지 학기말 리포트를 제출해야 한다.
　 풀이 주어인 students가 복수 명사이므로, 동사는 복수 형태의 are로 고친다.
　 All of the students in the class taught by Professor Jun **are** required to turn in their term papers this Friday.
　 정답 X

3 **해석** 홍수나 허리케인과 같은 자연재해의 타격을 입은 회사의 절반은 5년 안에 파산한다.
　 어휘 natural disaster 자연 재해　flood 홍수　go out of business 파업하다
　 풀이 주어인 companies가 복수 명사이므로, 동사는 복수 형태의 go로 고친다.
　 Half of companies hit by a natural disaster, such as a flood or hurricane, **go** out of business within five years.
　 정답 X

4 **해석** 소방관들이 건물 내의 화재 대부분이 진화된 것을 확인했다.
　 어휘 extinguish (불을) 끄다
　 풀이 주어인 the fire가 단수 명사이므로, 동사는 was를 쓰는 것이 맞다.
　 정답 O

5 **해석** 실험실의 쥐들 중 일부는 대장암을 유발하는 유전자를 갖고 태어났다.
　 어휘 laboratory 실험실　gene 유전자　colon cancer 대장암
　 풀이 mice가 복수 명사이므로, 동사는 복수 형태의 were로 고친다.
　 Some of the mice in the laboratory **were** born with a gene that leads to colon cancer.
　 정답 X

6 **해석** 2주 이상 지속된, 배심 재판 내의 증인들 모두는 피고가 유죄라고 믿었다.

어휘 jury trial 배심 재판   defendant 피고

풀이 the witnesses가 복수 명사이므로, have indicated는 바른 동사이다.

정답 O

7 **해석** 모임에서 결정된 것임에도 불구하고, 절차의 일부는 향상되지 않았다.

어휘 procedure 절차

풀이 the procedures가 복수 명사이므로, were not improved는 바른 동사이다.

정답 O

8 **해석** 엄마가 보내 주신 모든 옷들은 그 따뜻한 기후에 입을 수 있는 옷이었다.

풀이 clothes가 복수 명사이므로, were는 바른 동사이다.

정답 O

9 **해석** 연달아 진행된 회의에서 직원들이 논의했던 그 문제의 대부분은 몇 주 안에 해결되었다.

풀이 problems가 복수 명사이므로, 동사는 복수 형태의 were로 고친다.

Most of the problems that the employees discussed at the series of meeting **were** resolved within a few weeks.

정답 X

10 **해석** 일주일에 최소한 세 번 운동한 사람들의 3분의 2가 운동을 거의 하지 않는 43%의 사람들과 비교했을 때 더 좋거나 훌륭한 건강 상태라고 말한다.

풀이 those가 복수 명사이므로, 동사는 복수 형태의 say로 고친다.

Nearly two thirds of those who exercise at least three times a week **say** they are in very good or excellent health, compared with only 43 percent of those who exercise less often.

정답 X

도치구문의 일치

Unit 22

e.g.

What is included in the price of this cruise?
이 크루즈 여행 가격에 포함된 것은 무엇인가?

Behind the house **were** the bicycles that I rode when young.
집 뒤에 어렸을 때 타던 자전거들이 있었다.

Behind the house **was** the bicycle that I rode when young.
집 뒤에 어렸을 때 타던 자전거가 있었다.

In the closet are the clothes that you are looking for.
옷장 안에 당신이 찾는 옷들이 있다.

Jun has received more votes **than had** any other applicant in previous years.
= Jun has received more votes **than** any other applicant in previous years **had**.
준은 이전의 다른 어떤 지원자보다 더 많은 표를 얻었다.

If I **had been** in the position, I **would have helped** you.
그 위치에 있었다면 너를 도왔을 텐데.

⚲ Must Check

도치구문에서는 주어, 동사의
위치와 순서를 반드시
확인한다.

Example

(A) Just outside the ruins (B) are a fortress (C) surrounded by high walls and (D) stately trees.

해석 높은 벽과 위풍당당한 나무들로 둘러싸인 요새가 폐허 밖에 위치해 있다.

풀이 주어는 a fortress이므로 동사는 are가 아니라 is로 고친다. A fortress (surrounded by high walls and stately tress) is just outside the ruins.가 원래 문장이다.

정답 (B)

Exercise   문장이 옳으면 O, 옳지 않으면 X를 고르세요.

1. What in the world did they think they were doing?   (O , X)

2. Only once this week was the letters delivered by the mail service in the island.   (O , X)

3. Around the corner and to the right are the cherry tree that was one of my father's favorites.   (O , X)

4. Jun would be studying the chapters were he able to get hold of the book.   (O , X)

5. The newly-published book has many more exercises than do the previous one.   (O , X)

6. The novelist was unaware that there was so many typos in his book he had written.   (O , X)

7. Seldom in the history of box office has two new horror movies been so successful in one season.   (O , X)

8. It is not immediately sure how many workers were in the plant at the time of the explosion.   (O , X)

9. The smart phone is able to hold far more messages than was the cell phone that had previously been used.   (O , X)

10. In the parking lot south of the stadium was the cars that were about to be towed.   (O , X)

1

해석 도대체 그들은 자신들이 뭘 한다고 생각한 건가?

어휘 What in the world 도대체

풀이 의문사 What으로 시작했으므로 주어, 동사는 의문문 순서이다.

정답 O

2

해석 이번 주 단 한 번만 이 섬에서 편지가 배달된다.

풀이 「부정어 Only+부사 once」 다음 주어, 동사는 의문문 순서이다. 주어가 the letters이므로 동사는 were로 고친다.

Only once this week **were** the letters delivered by the mail service in the island.

정답 X

3

해석 모퉁이 근처 오른쪽에 아버지가 좋아하시던 나무 중 하나인 체리나무가 있다.

풀이 부사구(Around the corner and to the right) 도치로 「부사구+동사+주어」 순서가 된다. 주어가 the cherry tree이므로 동사 are를 is로 고친다.

Around the corner and to the right **is** the cherry tree that was one of my father's favorites.

정답 X

4

해석 만일 그 책을 가지고 있다면, 준은 그 단원을 공부하고 있을 것이다.

풀이 가정법 과거 도치 문장이다. Jun would be studying the chapters **if he were** able to get hold of the book.에서 if를 생략하고 were he로 도치된 것이다.

정답 O

5

해석 새롭게 출간된 책은 이전 판보다 더 많은 문제를 가지고 있다.

어휘 previous 이전의

풀이 비교구문의 도치로 than 이하의 주어가 단수(the previous one)이므로 대동사는 do가 아닌 does로 고친다.

The newly-published book has many more exercises than **does** the previous one.

정답 X

6

해석 그 소설가는 자신이 쓴 책에 오타가 많다는 것을 알지 못했다.

어휘 unaware ~을 알아채지 못하는   typo 오타

풀이 유도부사 there의 도치 문장에서 주어가 so many typos이므로 동사는 were로 고친다.
The novelist was unaware that there **were** so many typos in his book he had written.

정답 X

7

해석 한 시즌에 두 개의 공포영화가 그처럼 성공한 적은 박스오피스 역사상 결코 없었다.

풀이 「부정어 Seldom＋부사구 in the history of box office」 다음에 오는 주어, 동사는 의문문 순서이다. 주어가 two new horror movies이므로 동사는 have로 고친다.
Seldom in the history of box office **have** two new horror movies been so successful in one season.

정답 X

8

해석 폭발 당시 공장 안에 몇 명의 근로자들이 있었는지는 현재로서는 확실치 않다.

어휘 plant 공장   explosion 폭발

풀이 「how many(접속사)＋workers(주어)＋were(동사)」로 바른 문장이다.

정답 O

9

해석 스마트 폰은 전에 사용하던 휴대폰보다 훨씬 더 많은 메시지를 저장할 수 있다.

어휘 cell phone 휴대폰(=cellular phone)   explosion 폭발

풀이 비교구문의 도치로 than 이하의 대동사는 is able to의 is를 대신한 was(과거형)를 쓴 것이 맞다.

정답 O

10

해석 운동장 남쪽 주차장에서 막 견인되려는 차들이 있었다.

어휘 parking lot 주차장   tow 견인하다, 끌다

풀이 부사구(In the parking lot south of the stadium) 도치로 「부사구＋동사＋주어」 순서가 된다. 주어가 the cars이므로 동사는 were로 고친다.
In the parking lot south of the stadium **were** the cars that were about to be towed.

정답 X

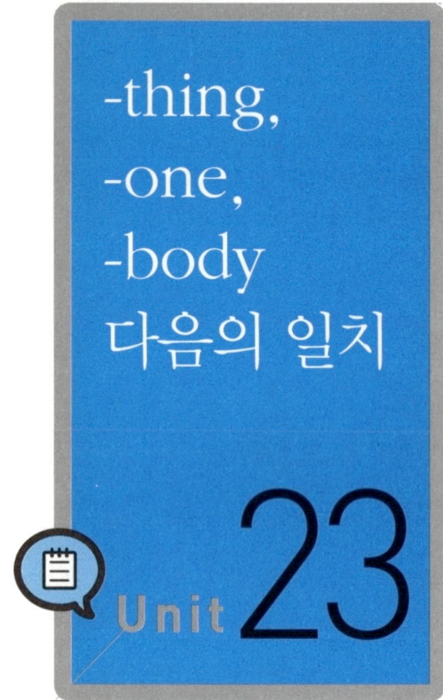

-thing, -one, -body, each (+명사), every (+명사)는 단수 취급

anybody	everybody	nobody	somebody	each
anyone	everyone	no one	someone	every
anything	everything	nothing	something	

e.g.

Everybody was thrilled at the news that they won the gold medal.
그들이 금메달을 획득했다는 소식에 모두들 감격했다.

There is **nothing** left in his purse.
그의 지갑 속에 아무것도 남아 있지 않다.

Each patient is allotted forty-five minutes.
환자마다 45분씩 배당된다.

Example

Each raspberry (A) <u>look</u> like a cluster (B) <u>of</u> tiny beads, (C) <u>colored</u> red, black, (D) <u>or</u> purple.

해석 각각의 산딸기는 붉거나 푸르거나 또는 보라색 한 다발의 작은 염주처럼 보였다.
풀이 each (+명사)는 반드시 단수 동사가 와야 하므로, look을 looks로 고쳐야 한다.
정답 (A)

Exercise 문장이 옳으면 O, 옳지 않으면 X를 고르세요.

1. Each of you is as different as your fingertips. (O , X)

2. The president felt that no one were better suited for the position of vice president. (O , X)

3. A friend is: always around, someone I know well, always on my side, someone I trust, a good listener, someone who give advice, someone who keep me out of trouble, and someone I want to be around. (O , X)

4. Nothing else matter to him apart from his job. (O , X)

5. Every word and gesture are expressive of the artist's sincerity. (O , X)

6. Anyone who goes to the top of the Empire State Building is impressed with the view. (O , X)

7. She longs to find somebody who understand her problems, and in him she thinks she finds such a person. (O , X)

8. Every man, woman, and child in this line has to pay seven dollars to ride the Speed Train. (O , X)

9. It is nice to believe that anything is possible if a person tries hard enough. (O , X)

10. Money is the opposite of the weather. Nobody talks about it, but everybody do something about it. (O , X)

1   **해석**   여러분 모두는 여러분들의 손가락 끝처럼 모두 다릅니다.
    어휘   fingertip 손가락 끝
    풀이   Each(주어), is(동사)를 갖춘 바른 문장이다.
    정답   O

2   **해석**   사장은 부사장 자리에 어울리는 사람이 아무도 없다고 느꼈다.
    어휘   suit for 안성맞춤의   vice president 부사장, 부통령
    풀이   주어가 no one이므로, 동사는 was로 고친다.
         The president felt that no one **was** better suited for the position of vice president.
    정답   X

3   **해석**   친구는 항상 주변에 있고, 내가 잘 아는 사람이고, 늘 내 편이고, 나를 믿어 주는 사람이고, 훌륭한 청취자이고, 충고해 주는 사람이고, 나를 곤란하게 하지 않는 사람이고, 내가 주변에 있고 싶은 사람이다.
    풀이   주어가 someone이므로, 동사는 gives와 keeps로 고친다.
         A friend is: always around, someone I know well, always on my side, someone I trust, a good listener, someone who **gives** advice, someone who **keeps** me out of trouble, and someone I want to be around.
    정답   X

4   **해석**   일 이외에 그에게 중요한 것은 아무것도 없다.
    어휘   apart from ~ 외에는, ~을 제외하고
    풀이   주어가 Nothing이므로, 동사는 matters로 고친다.
         Nothing else **matters** to him apart from his job.
    정답   X

5   **해석**   모든 말과 몸짓이 그 예술가의 진실성을 보여 준다.
    어휘   sincerity 성실, 정직
    풀이   every는 and로 두 개 이상의 명사를 연결하더라도 항상 단수 취급한다.
         Every word and gesture **is** expressive of the artist's sincerity.
    정답   X

6 **해석** 엠파이어 스테이트 빌딩의 꼭대기에 오르는 사람은 그 전망에 감명받는다.

풀이 anyone은 단수 취급하는 주어이므로 동사도 is, 형용사절 내의 동사도 단수형 goes가 된다.

정답 O

7 **해석** 그녀는 자신의 문제를 이해해 줄 누군가를 찾게 되기를 열망했는데, 그에게서 그러한 사람을 찾았다고 생각했다.

어휘 long to ~하길 열망하다

풀이 somebody는 단수 취급하는 명사이므로 형용사절 내의 동사도 단수형 understands로 고친다.
She longs to find somebody who **understands** her problems, and in him she thinks she finds such a person.

정답 X

8 **해석** 이 줄 안의 모든 남자, 여자, 그리고 아이는 스피드 트레인을 타기 위해 7달러를 지불해야 한다.

풀이 every는 and로 세 개 이상의 명사를 연결하더라도 항상 단수 취급하므로 동사는 has를 쓰는 것이 맞다.

정답 O

9 **해석** 만일 누군가 충분히 열심히 노력한다면 무엇이든지 가능하다고 믿는 것은 멋진 일이다.

풀이 anything은 단수 취급하는 명사이다.

정답 O

10 **해석** 돈은 날씨와 정반대이다. 누구나 돈 얘기를 꺼려하지만 누구나 돈을 위해 무엇인가 한다.

풀이 주어인 everybody는 단수 취급하므로 동사는 does로 고친다.
Money is the opposite of the weather. Nobody talks about it, but everybody **does** something about it.

정답 X

문장이 옳으면 O, 옳지 않으면 X를 고르세요.

1 Across the river is the farmland that they purchased with their
life savings.   (O , X)

2 The contract signed by two companies have been voided
because some stipulations were not met.   (O , X)

3 Each color on the chart represent a different department.   (O , X)

4 He would not have to enter the house through the bathroom
window were the keys where they were supposed to be.   (O , X)

5 There have been some impressive entries in the wildlife
photography section.   (O , X)

6 Owning a home, the dream of many, are unattainable for many
young people (particularly unmarried mothers) without aid from
governmental and non profit sources.   (O , X)

7 During the 1 year period, the group pretty much wiped out every
possible musical awards out there in America.   (O , X)

8 Not until the 1930s when the soft nylon toothbrush was invented
in the U.S. the tooth decay problem was solved.   (O , X)

9 Jun has a nicer bicycle than does the other children in the
neighborhood.   (O , X)

10 Nobody who was near the scene of the crime is above
suspicion.   (O , X)

1   **해석**   강 건너에 그들이 전 재산을 주고 구입한 농장이 있다.
       어휘   purchase 구입하다
       풀이   부사구(Across the river)의 선행에 따른 도치구문이다. 주어가 the farmland이고 동사는 단수의 is 로 바른 문장이다.

2   **해석**   두 회사에 의해 체결된 그 계약은 몇몇 협정 조약이 충족되지 않아 무효가 되었다.
       어휘   void 무효로 하다   stipulation 협정 조약
       풀이   주어가 The contract이므로 동사는 단수 has been voided로 고친다.
The contract signed by two companies **has been voided** because some stipulations were not met.

3   **해석**   이 차트의 각 색깔은 각각 다른 부서를 나타낸다.
       어휘   represent 나타내다
       풀이   주어가 Each color이므로 동사는 단수의 represents로 고친다.
Each color on the chart **represents** a different department.

4   **해석**   열쇠가 원래 있어야 했던 곳에 있으니, 그는 창문을 통해 집으로 들어갈 필요가 없다.
       풀이   가정법 과거 도치 문장으로, He would not have to enter the house through the bathroom window if the keys were where they were supposed to be.에서 if를 생략하고 주어, 동사를 도치시켰다.

5   **해석**   야생 동식물 사진 부문에 몇 점의 인상적인 출품작이 있다.
       어휘   entry 출품작
       풀이   주어가 some impressive entries이고 동사는 복수의 have been으로 바른 문장이다.

6   **해석**   많은 젊은 사람들의 꿈인 집을 소유한다는 것은 (특히 미혼모에게는) 정부나 비영리기관의 도움 없이는 이룰 수 없는 일이다.
       어휘   unattainable 도달 불가능한   aid 도움   nonprofit 비영리적인
       풀이   주어가 동명사 Owning이므로 동사는 단수의 is로 고친다. the dream은 동격이다.
Owning a home, the dream of many, **is** unattainable for many young people (particularly unmarried mothers) without aid from governmental and non profit sources.

7 **해석** 1년이란 기간 동안, 그 그룹은 미국의 있을 법한 음악에 관련된 상이란 상은 모조리 휩쓸어 버렸다.

   풀이 every는 단수 명사만을 취할 수 있는 형용사이므로 award로 고친다. During the 1 year period, the group pretty much wipped out every possible musical **award** out there in America.

8 **해석** 1930년 미국에서 부드러운 나일론 칫솔이 발명되고 나서야 충치 문제가 해결되었다.

   어휘 tooth decay 충치

   풀이 '부정어 Not+부사절 until the 1930s when the soft nylon toothbrush was invented in the U.S.' 다음에 오는 주어, 동사는 의문문 순서가 되어야 한다.
   Not until the 1930s when the soft nylon thoothbrush was invented in British **was the tooth decay problem solved.**

9 **해석** 마을에서 준은 다른 아이들보다 더 좋은 자전거를 가지고 있다.

   풀이 비교표현 than 다음에 주어가 children이므로 대동사는 복수인 do로 고친다.
   Jun has a nicer bicycle than **do** the other children in the neighborhood.

10 **해석** 그 범행 현장 근처에 있었던 사람은 누구도 혐의로부터 자유로울 수 없다.

   어휘 suspicion 혐의   above(= beyond) suspicion 의혹(혐의)의 여지가 없는

   풀이 주어가 단수 취급하는 Nobody이므로 형용사절 내의 was와 is는 바른 형태의 동사이다.

정답

1. O **2.** X **3.** X **4.** O **5.** O **6.** X **7.** X **8.** X **9.** X **10.** O

Chapter 6 병치

Units

🔆 Must Check

병치구조에서 등위접속사를 기준으로 ①품사가 같은지, ②형태가 같은지를 확인한다.

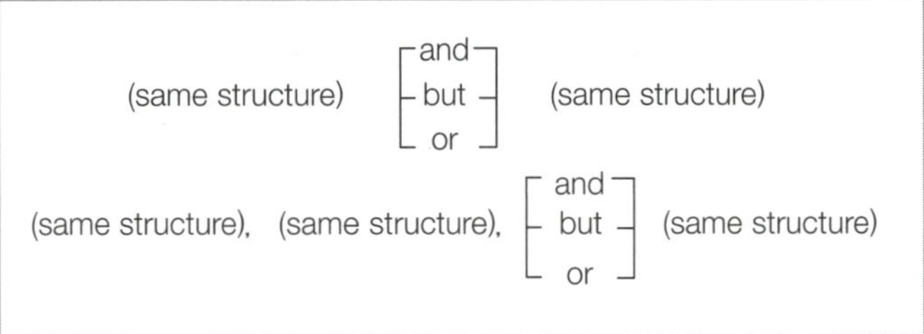

e.g.

I like to sing **and** to dance.
나는 노래하고 춤추기를 좋아한다.

I like singing **and** dancing.
나는 노래하고 춤추기를 좋아한다.

You can stay home **or** go to the movies with us.
당신은 집에 머물러 있거나 또는 우리와 극장에 갈 수도 있다.

My boss is sincere **and** nice.
우리 사장은 진실하고 멋지다.

The exam was short **but** difficult.
그 시험은 짧았지만 어려웠다.

Class can be interesting **or** boring.
수업은 흥미롭거나 지루할 수 있다.

There are students in the classroom **and** in front of the building.
교실과 건물 앞에 학생들이 있다.

The papers are on my desk **or** in the drawer.
책상 위에나 서랍 속에 시험지들이 있다.

The checks will be ready **not** at noon **but** at 1:00.
수표는 정오가 아닌 오후 1시에 준비될 것이다.

They are not interested in what you say **or** what you do.
그들은 당신이 하는 말이나 당신이 하는 행동에 관심이 없다.

I am here because I have to be **and** because I want to be.
나는 여기 와야 했기 때문에 그리고 원했기 때문에 여기에 있다.

Mr. Brown likes to go home early, **but** his wife prefers to stay late.
브라운 씨는 일찍 집에 가길 좋아하지만, 그의 아내는 늦게까지 머무르기를 좋아한다.

1   Swimming is a more strenuous exercise than walking.   (O , X)

2   Jun holds jobs as a writer, a photographer, and a university.   (O , X)

3   The report you are looking for could be in the file or on the desk.   (O , X)

4   By living temporarily with Tom's parents and drastically cut their leisure expenses, they hoped to save enough money to buy a modest house in two years.   (O , X)

5   You should know when the program starts and how many units you must complete.   (O , X)

6   In Korea, when someone speaks, the other person nods his head to show that he listens, that he understands or that he agreed.   (O , X)

7   Unless you spend a reasonable amount of time together, talking on the phone, writing letters, and to being together, friendship will go away.   (O , X)

8   The dean or the assistant dean will inform you of when and where you should apply for your diploma.   (O , X)

9   There are papers to file, reports to type, and those letters should be answered.   (O , X)

10 If he does something wrong, he must accept his errors frankly, to make an effort to obtain forgiveness, and make compensation if that is possible.   (O , X)

1

해석 걷기보다 수영이 더 힘든 운동이다.

어휘 strenuous 과격한

풀이 동명사 Swimming과 walking이 병치된 문장이다.

정답 O

2

해석 준은 작가, 사진가, 그리고 대학 교수라는 직업들을 병행하고 있다.

어휘 hold a job 일거리가 있다

풀이 병치되는 a writer, a photographer, a university가 모두 명사이지만, writer와 photographer
는 직업명임에 반해, university는 '대학'이라는 뜻으로 병치되기 힘들다. university를 직업과 관련된
professor로 고친다.
Jun holds jobs as a writer, a photographer, and a **professor**.

정답 X

3

해석 당신이 찾는 보고서는 파일 속이나 책상 위에 있다.

풀이 전치사구 in the file, on the desk가 병치된 바른 문장이다.

정답 O

4

해석 톰의 부모님과 일시적으로 살면서 여가 비용을 과감하게 줄임으로써, 그들은 2년 내에 평범한 집을 살
충분한 돈을 모을 것이라 희망했다.

어휘 temporarily 일시적으로   drastically 과감하게   leisure expense 용돈   modest 보통의

풀이 전치사 By에 living과 cut이 병치되어야 하므로 cutting으로 고친다.
By living temporarily with Tom's parents and drastically **cutting** their leisure
expenses, they hoped to save enough money to buy a modest house in two
years.

정답 X

5

해석 당신은 언제 프로그램이 시작하고 몇 단위를 이수해야 하는지 알아야만 한다.

풀이 타동사 know의 목적절 when the program starts와 how many units you must complete
가 병치된 바른 문장이다.

정답 O

6

해석 한국에서는 누군가 이야기할 때, 상대방은 듣고 있고, 이해하고 있고, 그리고 동의한다는 것을 나타내기 위하여 고개를 끄덕인다.

어휘 nod (고개를) 끄덕이다

풀이 타동사 show의 목적절의 병치로, that절 내의 동사의 시제가 현재이므로 agreed는 agrees로 고친다.
In Korea, when someone speaks, the other person nods his head to show that he listens, that he understands or that he **agrees**.

정답 X

7

해석 통화하며, 편지를 쓰거나 함께 하며, 상당한 시간을 함께 보내지 않는 한 우정은 사라질 것이다.

풀이 분사구문의 병치로 talking, writing, being이 병치되는 것이다. 따라서 to를 삭제한다.
Unless you spend a reasonable amount of time together, talking on the phone, writing letters, and **being** together, friendship will go away.

정답 X

8

해석 학과장이나 부 학과장이 언제 그리고 어디에 졸업장을 제출해야 할지 알려 줄 것이다.

어휘 dean 학과장   assistant dean 부 학과장   inform A of B A에게 B를 알려 주다

풀이 전치사 of의 목적절에서 접속사 when과 where가 병치되어 있다.

정답 O

9

해석 정리할 서류들과 타이핑해야 할 보고서들, 그리고 답장해야 할 편지들이 있다.

풀이 「명사+to부정사」 구문으로 앞의 형태와 병치시키기 위해 letters to answer로 고친다.
There are papers to file, reports to type, and **letters to answer**.

정답 X

10

해석 만일 그가 무언가 잘못했다면, 그는 반드시 실수를 솔직히 받아들여야 하고, 용서를 구하기 위해 노력해야 하며, 그리고 가능하다면 보상해야 한다.

풀이 조동사 must 다음의 동사원형들이 병치구문으로 accept, make, make가 병치되는 것이다. to를 삭제한다.
If he does something wrong, he must accept his errors frankly, **make** an effort to obtain forgiveness, and make compensation if that is possible.

정답 X

Must Check

both A and B는 항상 복수 취급하며, 나머지 등위 상관접속사는 B에 동사를 일치시킨다.

---

both A and B : A와 B 둘 다 **either A or B** : A 또는 B **neither A nor B** : A도 B도 아닌(동사는 B에 일치) **not A but B** : A가 아니라 B도 **not only A but also B** : A뿐 아니라 B도 (=B as well as A)

e.g.

I know **both** where you came from **and** what you did.
나는 당신이 어디에서 왔는지 무엇을 했는지 알고 있다.

Either Mark **or** Sue has the book.
마크 또는 수가 그 책을 가지고 있다.

The tickets are **neither** in my pocket **nor** in my purse.
티켓들은 주머니에도 지갑에도 없다.

He is **not only** an excellent student **but also** an outstanding athlete. 그는 우수한 학생일 뿐 아니라 두드러진 운동선수이다.

He wants to go **either** by train **or** by plane.
= He wants **either** to go by train **or** to go by plane.
= He wants to go **either** by train **or** by plane.
= He wants to go by **either** train **or** plane.
그는 기차 또는 비행기로 가기를 원한다.

Both you **and** I **have** responsibility for it. (O)
Both you **and** he **has** responsibility for it. (X)
너와 나 둘 다 그 일에 책임이 있다.

Neither you **nor** Sue is taking the course.
당신도 수도 그 과정을 수강하고 있지 않다.

Not only she **but also** her parents **are** very kind to us.
= Her parents **as well as** she **are** very kind to us. (O)
≠ Her parents **as well as** she **is** very kind to us. (X)
그녀뿐 아니라 그녀의 부모님도 우리에게 친절하셨다.

문장이 옳으면 O, 옳지 않으면 X를 고르세요.

1   She was a wonderful mother to both her natural and adopted children.   (O , X)

2   Have you had any dealings with any of the suspects, either personal or professional?   (O , X)

3   They control pressure precisely and need neither to watch during processing nor to check for accuracy.   (O , X)

4   She wants not only to take a trip to Europe but she also would like to travel to Asia.   (O , X)

5   According to the curriculum, you can either turn in a report or you can take an exam.   (O , X)

6   Neither you nor your partner feel the need to test the other's loyalties or feelings.   (O , X)

7   Both my father, my mother, and my oldest sister are graduates of Northern University.   (O , X)

8   The menu contained traditional favorites as well as more adventurous dishes.   (O , X)

9   You can graduate either at the end of the fall semester or you can graduate at the end of the spring semester.   (O , X)

10 We go to college not because we want to get knowledge alone, but because we want to acquire a high intellectual culture.   (O , X)

1

해석 그녀는 친자식에게도 입양한 자녀들에게도 훌륭한 어머니였다.

어휘 natural children 친자식   adopted children 입양한 자식

풀이 natural (children) and adopted children이 병치되었고, 반복되는 명사 children은 생략되었다.

정답 O

2

해석 그 용의자 누구하고든 사적으로나 직업상 무슨 거래를 한 적이 있습니까?

어휘 dealing 거래   suspect 용의자   professionally 직업상으로

풀이 personal과 professional은 형용사인데, 앞 문장이 3형식의 완전한 문장의 형태이므로 그 자리에는 형용사를 쓸 수가 없다. 부사 personally or professionally로 고친다.

Have you had any dealings with any of the suspects, either **personally or professionally**?

정답 X

3

해석 그것들은 정확히 압력을 조절하므로 처리 과정을 지켜볼 필요도 정확성을 확인할 필요도 없다.

어휘 precisely 정확히   processing 처리   accuracy 정확성

풀이 to watch와 to check가 병치된 바른 문장이다.

정답 O

4

해석 그녀는 유럽뿐 아니라 아시아로의 여행도 원하고 있다.

풀이 want는 목적어로 to부정사를 취하지 절을 취할 수 없다. she would like를 삭제한다.

She wants **not only** to take a trip to Europe **but also** to travel to Asia.

정답 X

5

해석 커리큘럼에 따르면, 당신은 리포트를 제출하거나 시험을 치를 수 있습니다.

풀이 조동사 can 다음에 동사원형을 써야 하므로 you can을 삭제한다.

According to the curriculum, you can either turn in a report or take an exam.

정답 X

6   **해석** 여러분과 여러분의 파트너 모두 다른 사람의 신의 혹은 감정을 시험할 필요를 느끼지 못합니다.

    풀이 Neither A nor B에서 동사는 B에 일치시킨다. your partner가 단수이므로 feels로 고친다.

    Neither you nor your partner **feels** the need to test the other's loyalties or feelings.

    정답 X

7   **해석** 아버지, 어머니, 그리고 큰누나가 노던 대학 졸업생들이다.

    풀이 Both는 두 개만을 연결한다. my father, my mother, and my oldest sister 이렇게 세 사람이므로 Both를 지운다.

    My father, my mother, and my oldest sister are graduates of Northern University.

    정답 X

8   **해석** 메뉴에는 모험이 될 만한 요리들뿐 아니라 전통적으로 인기 있는 요리들도 있었다.

    어휘 favorite 좋아하는 사람[것]　adventurous 모험적인　B as well as A A뿐만 아니라 B도

    풀이 traditional favorites와 adventurous dishes가 병치되어 있다.

    정답 O

9   **해석** 당신은 가을 학기말 또는 봄 학기말에 졸업할 수 있다.

    풀이 graduate은 자동사이므로 부사구가 병치되어야 한다. you can graduate을 삭제한다.

    You can graduate either at the end of the fall semester or at the end of the spring semester.

    정답 X

10   **해석** 우리는 단지 지식을 얻고 싶어서가 아니라 높은 지적 교양을 습득하고 싶기 때문에 대학에 간다.

    어휘 acquire 얻다, 습득하다

    풀이 「not because+절, but because+절」이 병치되어 있다.

    정답 O

비교구문의 병렬

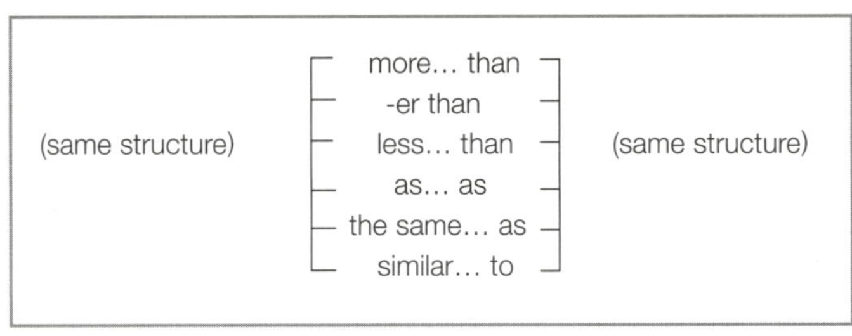

e.g.

My house is **farther than** your house.
우리 집이 너희 집보다 더 멀다.

To be rich is **better than** to be poor.
부자가 되는 것이 가난한 것보다 낫다.

What is written is **more** easily understood **than** what is spoken.
글이 말보다 더 쉽게 이해된다.

Their car is **as** big **as** a small house.
그들의 차는 작은 집만큼이나 크다.

Hiding the wrong is **the same as** committing the wrong.
잘못을 숨겨 주는 것은 잘못을 저지르는 것과 똑같다.

The work that I did is **similar to** the work that you did.
내가 했던 일은 네가 했던 일과 비슷하다.

Must Check

비교구문에서 비교되는 대상은 항상 같은 구조이다.

Example

Frowning at Jun is the same as ______________ down the gauntlet.

(A) to throw
(B) throwing
(C) at throwing
(D) to throwing

해석 밤에게 찡그린 얼굴을 보이는 것은 도전장을 던지는 일과 같다.

풀이 주어가 동명사(Frowning)이므로 비교되는 대상 역시 동명사 throwing으로 고친다.

정답 **(B)**

1 Jun's research for the subject was more useful than hers. (O , X)

2 I want a new car which is as fast as the previous one. (O , X)

3 Music in their country is quite similar to my country. (O , X)

4 It is quicker to cut and paste than to retype. (O , X)

5 Tom hasn't changed. He looks exactly the same as he does at school. (O , X)

6 This lesson is more difficult than we had before. (O , X)

7 The authority get a discount; in other words they pay less money than the principal sum. (O , X)

8 Some schools are more interested in avoiding bad publicity as exposing violent kids. (O , X)

9 In the Middle Ages the ordinary dress of the scholar, whether student or teacher, was similar to those of a cleric. (O , X)

10 Medicinal practices in the ancient world were as related to religion and philosophy as they were to science. (O , X)

1   **해석** 그 주제에 관한 준의 연구가 그녀의 연구보다 더 유용하다.
    풀이 반복되는 명사 **research**를 소유대명사 **hers**로 받은 바른 문장이다.
    정답 O

2   **해석** 나는 이전 차만큼 빠른 차를 원한다.
    풀이 **fast**는 형용사와 부사의 형태가 같다. 이 문장에서 **fast**는 부사이고 **one**은 **car**를 대신하는 대명사로 쓰였다.
    정답 O

3   **해석** 그들 나라의 음악과 내 나라의 음악은 비슷하다.
    풀이 '그들 나라의 음악'과 '우리나라'를 비교하고 있으므로 비교의 대상이 바르지 못하다.
    Music in their country is quite similar to **music in my country**.로 고친다. 특정 음악이 아니므로 정관사가 수반되지 않는다.
    정답 X

4   **해석** 다시 타이핑을 하는 것보다 오려 붙이기를 하는 것이 더 빠르다.
    풀이 **to cut and paste**와 **to retype**가 **than**으로 비교된 바른 문장이다.
    정답 O

5   **해석** 톰은 변하지 않았어. 그는 학교 때와 똑같아 보여.
    풀이 내용상 톰의 학창시절은 과거로 볼 수 있다. 그러므로 대동사는 과거형 **did**로 고친다.
    Tom hasn't changed. He looks exactly the same as he **did** at school.
    정답 X

6 **해석** 이 단원이 우리가 전에 배웠던 단원보다 더 어렵다.

풀이 than we had (the lesson)에서 반복되는 명사 the lesson이 생략되어 있다.

정답 O

7 **해석** 당국은 할인을 받았다. 다시 말해 원금보다 덜 지불한다.

어휘 authority 당국　　get a discount 할인을 받다　　the principal sum 원금

풀이 money는 불가산 명사로, less가 money를 수식하고 있다.

정답 O

8 **해석** 일부 학교들은 폭력적인 아이들을 드러내 놓는 것보다 학교에 대한 나쁜 평판을 피하는 데 더 치중한다.

풀이 more가 있으므로 비교구문이다. as가 아닌 than이 쓰여야 한다.

Some schools are more interested in avoiding bad publicity **than** exposing violent kids.

정답 X

9 **해석** 중세 시대에는 학자의 평상복은 학생이든 교수든 성직자의 의복과 비슷하였다.

어휘 the Middle Ages 중세 시대　　ordinary dress 평상복　　scholar 학자　　cleric 성직자

풀이 similar to those에서 those는 The ordinary dress를 대신하므로 those가 아닌 that으로 고친다.

In the Middle Ages the ordinary dress of the scholar, whether student or teacher, was similar to **that** of a cleric.

정답 X

10 **해석** 고대의 의료 관행은 과학과 관계가 있었던 것만큼 종교와 철학과도 관계가 있었다.

어휘 medicinal 약효가 있는　　ancient 고대의　　philosophy 철학

풀이 as they were (related) to science.에서 반복되는 related가 생략된 바른 문장이다.

정답 O

문장이 옳으면 O, 옳지 않으면 X를 고르세요.

1 He was both surprised by and pleased with the result. (O , X)

2 She looks even more beautiful in person than she does on screen. (O , X)

3 After retirement I plan to travel to exotic islands, dive into the sea and drinking my favorite soda on a yacht. (O , X)

4 She would find the missing car key neither on the table or in the drawer. (O , X)

5 Depending on the perspective of the viewer, the film was considered laudable, mediocrity, or horrendous. (O , X)

6 A little alcohol not only lets us have a good time but help us to be brave. (O , X)

7 Working five days per week is much more relaxing than working six days per week. (O , X)

8 Tom's children were always good-natured, generous, and helps others. (O , X)

9 Either of you has to finish the project by this coming Friday, or the contract will be canceled. (O , X)

10 Creativity and originality that you have are more important than technical skill that others have. (O , X)

1 **해석** 그는 그 결과에 놀라고 기뻐했다.
풀이 He was both surprised by (the result) and pleased with the result.에서 반복되는 the result를 생략한 바른 문장이다.

2 **해석** 화면보다 실제로 보니까 그녀는 더 예뻐요.
어휘 in person 실제로　on screen 화면으로
풀이 than 이하의 does는 looks의 대동사로 바른 문장이다.

3 **해석** 퇴직 후 나는 다이빙하며, 요트 위에서 좋아하는 음료를 마시며, 이국적인 섬들을 여행할 계획을 갖고 있다.
어휘 exotic 이국적인　yacht 요트
풀이 dive와 drinking이 병치를 이루는 분사구문이므로 dive를 diving으로 고친다.
After retirement I plan to travel to exotic islands, **diving** into the sea and drinking my favorite soda on a yacht.

4 **해석** 그녀는 잃어버린 자동차 열쇠를 테이블 위에서도 서랍 속에서도 찾을 수 없었다.
풀이 neither는 or가 아닌 nor와 짝을 이룬다.
She would find the missing car key neither on the table **nor** in the drawer.

5 **해석** 관객의 관점에 따라 그 영화는 칭찬할 만하거나, 평범하거나, 참혹한 것으로 간주되었다.
어휘 perspective 관점, 시각　laudable 칭찬할 만한　mediocrity 평범함　mediocre 평범한 horrendous 참혹한
풀이 mediocrity는 명사로 다른 형용사들과 병치를 이룰 수 없다. 형용사 **mediocre**로 고친다.
Depending on the perspective of the viewer, the film was considered laudable, **mediocre**, or horrendous.

6 **해석** 약간의 술은 우리를 즐겁게 해 줄 뿐만 아니라 용감해지도록 도와준다.
풀이 주어가 3인칭 단수형인 A little alcohol이므로 lets와 병치를 이루는 help는 helps로 고친다.
A little alcohol not only lets us have a good time but **helps** us to be brave.

7 **해석** 일주일에 6일 일하는 것보다 5일 일하는 것이 훨씬 느긋하다.
풀이 Working five days per week와 working six days per week를 비교하므로 바른 문장이다.
같은 동명사인 working이 생략되지 않는 이유는, working이 생략할 수 없는 주어이기 때문이다.

8 **해석** 톰의 자녀들은 항상 착했고, 관대했고, 그리고 다른 이들을 도왔다.
풀이 helps는 동사로, 형용사와 병치를 이룰 수 없다. 형용사 helpful을 써서 helpful to others로 고친다.
Tom's children were always good-natured, generous, and **helpful to others**.

9 **해석** 너희들 중 한 명이 이번 주 금요일까지 그 프로젝트를 끝내야 한다, 그렇지 않으면 계약은 취소될 것이다.
풀이 여기서 Either는 상관접속사로 쓰인 것이 아니라 대명사로 쓰인 것이다. 따라서 단수 동사 has가 되었다. 「must, should, have to ~ or … (~해야 한다, 그렇지 않으면 ~할 것이다)」 구문이다.

10 **해석** 당신이 가진 창의력과 독창성이 다른 이들이 가진 전문 기술보다 더 중요하다.
어휘 originality 독창성
풀이 명사 Creativity and originality와 technical skill을 비교하는 바른 문장이다.

정답

1. O **2.** O **3.** X **4.** X **5.** X **6.** X **7.** O **8.** X **9.** O **10.** O

Chapter 7

비교와 최상

비교와 최상급 표현

Must Check

as (원급) as에서는 형용사의 원급인지 부사의 원급인지를 따져야 한다.

비교급

- 우월비교 : -er than~
  Jun is **taller than** his father. 준은 그의 아버지보다 크다.
- 동등비교 : as ~ as
  Jun is **as tall as** his father. 준은 그의 아버지만큼 크다.
- 배수비교 : 배수사 + as ~ as
  He works **twice as hard as** others. 그는 남보다 두 배로 일한다.

비교급 앞에 정관사(the)가 붙는 경우

- 둘 사이 비교 (of the two) : the + 비교급
- 판단, 이유 나타내는 by/for/because 등과 쓰이는 비교 : the + 비교급
- the 비교급 ~, the 비교급… : ~하면 할수록 점점 더 …하다

e.g.

Jun is tall**er than** Bill.
준이 빌보다 키가 크다.

Sally is **more** beautiful **than** Sharon.
샐리가 샤론보다 더 아름답다.

Bill is **the tallest** boy in his class.
빌은 반에서 가장 큰 소년이다.

Susan was **the most beautiful** of all the women at the party.
수잔이 파티의 모든 여인 중에서 가장 아름다웠다.

The spider over there is **the largest** one that I have ever seen.
저기 있는 거미는 내가 여태까지 본 것 중에서 가장 크다.

Example

(A) The earthly fortunes of saints (B) can fluctuate (C) as wild as tech stocks– (D) depending on the needs of believers.

해석 성인들의 세속적인 부는 신자들의 필요에 따라 기술주만큼이나 심하게 오르내릴 수 있다.

풀이 동사 fluctuate는 자동사로 형용사가 아닌 부사의 부식을 받는다. 따라서 wildly 로 고친다.

정답 (C)

Exercise   문장이 옳으면 O, 옳지 않으면 X를 고르세요.

1   His face marked and his head bald, he looked older than I had expected.   (O , X)

2   Learning makes a man wise, but a fool is made more foolish by it.   (O , X)

3   Fashions this year are shorter and more colorful than they are last year.   (O , X)

4   Alaska is coldest of all the states in the United States.   (O , X)

5   The workers on the day shift are more rested than the workers on the night shift.   (O , X)

6   In the 18th century, the calendar used in Europe was not as accurate as used by the Mayans in Central America.   (O , X)

7   The new computer that I bought yesterday is as twice fast as the old one.   (O , X)

8   Although both Stephen King and Tom Clancy write thrilling books, I think King is the best storyteller.   (O , X)

9   The financial yield of Alaska's petroleum reservoirs is greater than its fishing and farming industries.   (O , X)

10   Of the two Hemingway novels I have read, I like *A Farewell to Arms* the best, not only because of its structure, but also because of its fascinating story.   (O , X)

1 **해석** 그의 얼굴은 상처가 있었고, 대머리였으며, 내가 기대했던 것보다 늙어 보였다.
어휘 mark 흔적(자국)이 나다   bald 대머리의
풀이 older than의 바른 문장이다.
정답 O

2 **해석** 학습은 사람을 지혜롭게 만드나, 바보는 오히려 배울수록 더 바보가 된다.
풀이 판단, 이유를 나타내는 by, for, because 등과 함께 쓰이는 비교구문은 「the+비교급」으로 쓴다.
Learning makes a man wise, but a fool is made **the more** foolish by it.
정답 X

3 **해석** 올해 유행은 작년보다 (옷이) 더 짧고 화려하다.
풀이 last year이므로 동사는 are가 아니라 were로 고친다.
Fashions this year are shorter and more colorful than they **were** last year.
정답 X

4 **해석** 알래스카가 미국의 모든 주(州) 중에서 가장 춥다.
풀이 형용사 cold가 한정적 용법의 최상급이므로 정관사 the 없이 쓰인 바른 문장이다.
정답 O

5 **해석** 낮 근무 직원들이 밤 근무 직원들보다 조금 더 휴식을 취한다.
어휘 shift 근무조
풀이 The workers on the day shift와 the workers on the night shift가 비교되고 있다. 반복되는
the workers가 생략되지 않은 이유는 전치사구(on the night shift)의 수식을 받고 있기 때문이다.
정답 O

6 **해석** 18세기, 유럽에서 사용되던 달력은 중앙아메리카의 마야 민족들에 의해 사용되던 달력만큼 정확하지 않았다.

풀이 비교 대상이 없다. 유럽에서 사용되던 달력과 마야 민족들에 의해 사용되던 달력이 비교되어야 하므로 In the 18th century, the calendar used in Europe was not as accurate as **the calendar** used by the Mayans in Central America.로 고친다.

정답 X

7 **해석** 어제 구입한 새 컴퓨터는 예전 것보다 두 배 빠르다.

풀이 배수 비교구문은 「배수사+as (원급) as」로 쓴다.

The new computer that I bought yesterday is **twice as fast as** the old one.

정답 X

8 **해석** 스티븐 킹과 톰 클랜시 둘 다 스릴러 책을 쓰지만, 내 생각에는 스티븐 킹이 더 나은 작가이다.

풀이 둘 사이의 비교구문은 「the+비교급」으로 쓴다.

Although both Stephen King and Tom Clancy write thrilling books, I think King is **the better** storyteller.

정답 X

9 **해석** 알래스카 석유 저장고의 경제적 이익이 알래스카의 어업과 농업이 결합된 경제적 이익보다 더 크다.

풀이 비교 대상이 없다.

The financial yield of Alaska's petroleum reservoirs is greater than the financial yield of its(=Alaska's) fishing and farming industries에서 반복되는 the financial yield of 대신에 대명사 that을 쓰고 of로 연결되어야 하는데 that of를 통째로 생략시켰다. 생략할 수 없다.

The financial yield of Alaska's petroleum reservoirs is greater than **that of** its fishing and farming industries.

정답 X

10 **해석** 내가 읽은 헤밍웨이의 두 소설 중 「무기여 잘 있어라」를 더 좋아하는데, 구조뿐만 아니라 매력적인 스토리 때문이다.

풀이 둘 사이의 비교구문은 「the+비교급」으로 쓴다.

Of the two Hemingway novels I have read, I like *A Farewell to Arms* **the better**, not only because of its structure, but also because of its fascinating story.

정답 X

Must Check

the 다음에 more가 있어야 할지 원급+er의 형태인지 확인한다.

1. 「The+비교급(-er/more ~)+주어+동사, the+비교급(-er/more ~)+주어+동사」 형태에서 앞뒤의 동사가 같다면 생략 가능하다.

e.g.

The more children you have, **the bigger** the house you need.
아이들이 많아질수록 더 큰 집이 필요해진다.

The greater the experience (is), **the higher** the salary (is).
경험이 많을수록 급여가 높다.

The order the children are, **the more** their parents expect from them.
아이들이 클수록 부모들은 더 많은 기대를 한다.

The harder he tried, **the further** he fell behind.
열심히 노력할수록 그는 뒤쳐져만 갔다.

2. 「접속사 주어+동사, 주어+동사」의 구조를 「The+비교급+주어+동사, the+비교급 +주어+동사」의 형태로 쓴다고 생각할 수 있다.

e.g.

If you work hard, you accomplish much.
= **The harder** you work, **the more** you accomplish.
열심히 일할수록 더 많이 성취한다.

Example

The more melanin made and absorbed, the more dark the skin. (○ X)

해석 멜라닌이 더 많이 생기고 피부에 더 많이 흡수될수록 피부색이 검어진다.
풀이 melanin은 명사이므로 -er의 형태가 불가능하다. 따라서 more melanin이 맞지만 dark는 1음절의 형용사이므로 more dark가 아닌 darker가 바른 비교급이다. made and absorbed는 동사가 아닌 melanin을 수식하는 과거분사이다. The more melanin made and absorbed, the darker the skin.으로 고친다.
정답 X

문장이 옳으면 O, 옳지 않으면 X를 고르세요.

1 The more crowded we feel, the more stressed we get.　　　(O , X)

2 The less effort they put in, the much money they earn money. It is very unfair, really.　　　(O , X)

3 The stronger the magnetic field, the greater the voltage produced by a generator.　　　(O , X)

4 The less you drink, the less likely you are to have a hangover.　　　(O , X)

5 The thicker the wall, the noise that comes through is less.　　　(O , X)

6 If you run faster, the more quickly you'll arrive.　　　(O , X)

7 The more you use the phone, the higher the bill will be.　　　(O , X)

8 A story always sounds clear enough at a distance, but nearer you get to the scene of events, the vaguer it becomes.　　　(O , X)

9 The earliest you send in your tax forms, the sooner you will receive your refund.　　　(O , X)

10 The more people there are at the party, the good time you'll have.　　　(O , X)

1   **해석** 우리는 복잡함을 느낄수록 더 많은 스트레스를 받는다.

    풀이 「The more 형용사+주어+동사, the more 형용사+주어+동사」의 바른 문장이다.
If we feel much crowded, we get much stressed.를 「The+비교급+주어+동사」의 형태로 쓴 것이다.

    정답 O

2   **해석** 그들은 노력을 덜 할수록 더 많은 돈을 번다. 그것은 정말이지 불공평하다.

    풀이 Though they put in little effort, they earn much money.를 「The+비교급+주어+동사」의 형태로 The less effort they put in, the **more** money they earn money.로 고친다.

    정답 X

3   **해석** 자기장이 강력할수록 발전기에 의해 생산되는 전류는 더 많다.

    어휘 voltage 전압   generator 발전기

    풀이 If the magnetic field is strong, the voltage produced by a generator is great.을 「The+비교급+주어+동사」의 형태로 쓴 것이며, 반복되는 be동사는 생략할 수 있다. (produced 이하는 과거분사구이다.)

    정답 O

4   **해석** 술을 덜 마실수록 숙취는 덜할 것이다.

    어휘 hangover 숙취

    풀이 You drink little, and you are little likely to have a hangover.를 「The+비교급+주어+동사」의 형태로 쓴 것이다.

    정답 O

5   **해석** 벽이 두꺼울수록 투과되는 소음은 작다.

    풀이 If the wall is thick, and the noise that comes through is little.을 「The+비교급+주어+동사」의 형태로 쓰면 The thicker the wall (is), **the less** the noise that comes through (is).가 된다. that comes through는 the noise를 수식하는 형용사절이다.

    정답 X

6 **해석** 빨리 달릴수록 빨리 도착할 것이다.

   풀이 접속사와 「the+비교급」의 형태를 혼용해서 쓸 수 없다. If you run faster, you'll quickly arrive. 를 「The+비교급+주어+동사」의 형태로 쓰면 **The faster you run**, the more quickly you'll arrive.가 된다.

   정답 X

7 **해석** 전화를 많이 쓸수록 전화 요금은 높을 것이다.

   풀이 「The more+주어+동사, the 비교급+주어+동사」의 바른 문장이다.

   정답 O

8 **해석** 멀리서 이야기를 들을 땐 항상 충분히 명확히 들리지만, 그 사건의 현장에 접근하면 할수록 그것은 애매해진다.

   풀이 「The+비교급 ~, the+비교급」 구문이므로 the nearer로 고친다.
   A story always sounds clear enough at a distance, but **the nearer** you get to the scene of events, the vaguer it becomes.

   정답 X

9 **해석** 세금 양식을 일찍 보낼수록 당신은 빨리 환급받을 것이다.

   풀이 「The+비교급 ~, the+비교급」 구문이므로 최상급이 아닌 비교급 The earlier로 고친다.
   The earlier you send in your tax forms, the sooner you will receive your refund.

   정답 X

10 **해석** 파티에 사람이 많을수록, 당신은 좋은 시간을 보낼 것이다.

   풀이 「The+비교급 ~, the+비교급」 구문이므로 good의 비교급 better를 써서
   The more people there are at the party, the **better** time you'll have.로 고친다.

   정답 X

문장이 옳으면 O, 옳지 않으면 X를 고르세요.

1 You should buy the most fuel-efficient car that you can afford. (O , X)

2 The wind is more stronger today than it was yesterday. (O , X)

3 The tree that did not bear good fruit had been the tallest of the two trees we had in the yard. (O , X)

4 The closer it gets to summer, the longer the days are. (O , X)

5 The Department of Business Administration is bigger of all the departments in the university. (O , X)

6 I really want to live in Jeju Island because it is one of the most beautiful areas in Korea. (O , X)

7 I think it is preferable to use the most efficient and effective method that you can. (O , X)

8 The more she thought about it, the more depressed she became. (O , X)

9 Human beings are infinitely the most complex than any other living creature. (O , X)

10 Tasmania, an Australian island, has the cleanest air in the world. (O , X)

1 **해석** 당신은 가능한 저연비의 차량을 구입해야 한다.
  어휘 fuel-efficient (자동차 등이) 저연비의, 연료 효율이 좋은
  풀이 「최상급+that절」의 최상구문이다.

2 **해석** 어제보다 오늘 바람이 더 강하다.
  풀이 more와 stronger의 이중 비교이므로 more를 삭제한다.
  The wind is **stronger** today than it was yesterday.

3 **해석** 마당에 있던 두 나무 중 좋은 열매를 맺지 못한 그 나무가 더 컸다.
  풀이 둘 사이(of the two)의 비교는 최상급이 아닌 「the+비교급」으로 쓴다.
  The tree that did not bear good fruit had been **the taller** of the two trees we had in the yard.

4 **해석** 여름이 가까워질수록 낮은 길어진다.
  풀이 「The 비교급 +주어+동사, the 비교급+주어+동사」의 바른 문장이다.

5 **해석** 이 대학에서 경영학과가 가장 큰 과이다.
  어휘 business administration 경영학
  풀이 「of+비교 대상」에서는 최상급을 사용한다.
  The Department of Business Administration is **the biggest** of all the departments in the university.

6 **해석** 한국에서 가장 아름다운 장소 중 하나이기 때문에 나는 제주도에서 살고 싶다.
  풀이 「in+비교 장소」에서는 최상급을 사용하므로 바른 문장이다.

7   **해석**   당신이 할 수 있는 가장 효율적이며 효과적인 방법을 사용하는 것이 더 낫다고 생각한다.

     어휘   preferable 더 나은   efficient 효율적인   effective 효과적인

     풀이   「최상급＋that절」의 최상구문이다.

8   **해석**   그녀는 그것에 대해 생각을 할수록 점점 더 우울해졌다.

     풀이   「The more (형용사)＋주어＋동사, the more (형용사)＋주어＋동사」의 바른 문장이다.

9   **해석**   인간은 다른 생물들보다 아주 더 많이 복잡해.

     어휘   infinitely 대단히, 한없이

     풀이   than이 있으므로 비교급을 사용한다.
         Human beings are infinitely **more** complex than any other living creature.

10   **해석**   호주의 섬인 타스마니아는 세계에서 가장 깨끗한 공기를 가지고 있습니다.

     풀이   「in＋비교 장소」에서는 최상급을 사용한다.

정답

   1. ○   **2.** X   **3.** X   **4.** ○   **5.** X   **6.** ○   **7.** ○   **8.** ○   **9.** X   **10.** ○

Chapter 8 완료 동사와 시제

Units

have+p.p.

Unit 29

원형	현재	현재완료	과거	과거완료
walk	walk(s)	walking	walked	walked
hear	hear(s)	hearing	heard	heard
cook	cook(s)	cooking	cooked	cooked
sing	sing(s)	singing	song	sung
come	come(s)	coming	came	come
begin	begin(s)	beginning	began	begun

e.g.

They have **walk**(X) / **walked**(O) to school.
그들은 학교까지 걸어갔다.

We have **see**(X) / **seen**(O) the show.
우리는 쇼를 보았다.

He has **took**(X) / **taken**(O) the test.
그는 시험을 쳤다.

Having **ate**(X) / **eaten**(O), he went to school.
그는 밥을 먹고 학교에 갔다.

She should have **did**(X) / **done**(O) the work.
그녀는 그 일을 했어야 했는데 못했다.

My friend **sung**(X) / **has sung**(O) in the choir.
내 친구는 성가대에서 노래를 불러 왔다.

He **become**(X) / **has become**(O) angry at his friend.
그는 그의 친구에게 화를 내 왔다.

The boat **sunk**(X) / **has sunk**(O) in the ocean.
그 보트는 바다에 가라앉았다.

Must Check

현재완료의 형태에서는 have/has 뒤에 반드시 p.p. 형태가 온다.

Example

(A) Indeed (B) the dollar's global role helps explain (C) why U.S. trade deficits (D) persisted since 1976.

해석 실제로 달러의 세계적인 역할은 왜 1976년 이래로 미국의 무역 적자가 계속되는가 설명하는 것을 돕는다.

풀이 「since+시점」이 쓰인 문장의 동사는 현재완료이므로 (D)는 have persisted로 고친다.

정답 **(D)**

문장이 옳으면 O, 옳지 않으면 X를 고르세요.

1   After long walk, he drank the cold water out of the river.   (O , X)

2   The boy kept on talking, even though the teacher had asked him
to stop.   (O , X)

3   Having finished the term paper, he began studying for the next
exam.   (O , X)

4   I know that he will come back as he promised, for he is a man
who has never break his word.   (O , X)

5   You should have not paid the entire sum of money to the man
until he was finished with the job.   (O , X)

6   With help from the Internet, identity theft has became the
nation's fastest-growing white-collar crime.   (O , X)

7   Those who taken part in the riot were as numberless as the
sand.   (O , X)

8   His thought exerted a favorable influence upon the philosophers.   (O , X)

9   If Cleopatra's nose had been flat, world history might have been
different.   (O , X)

10   During the economic crisis, several companies gone bankrupt in
rapid succession.   (O , X)

1 해석 오래 걸은 후 그는 차가운 강물을 마셨다.
   어휘 out of ~로부터(= from)
   풀이 drink : drank : drunken
   정답 O

2 해석 선생님이 떠들지 말라고 했는데도, 그 남자아이는 계속해서 얘기했다.
   풀이 떠들지 말라고 말한 것이 먼저이므로 과거완료가 쓰였다.
   정답 O

3 해석 중간고사를 끝낸 후, 그는 다음 시험을 위해 공부하기 시작했다.
   풀이 After he had finished the term paper, he began studying for the next exam.을 분사구문으로 고쳐 쓰면, After he had finished는 Having finished가 되므로 바른 문장이다.
   정답 O

4 해석 나는 그가 약속한 대로 돌아올 거라고 믿는다. 그는 결코 약속을 어기지 않는 친구이기 때문이다.
   어휘 break one's word 약속을 깨뜨리다
   풀이 현재완료는 have 다음에 과거에 완료형을 써야 하므로 break를 broken으로 고쳐야 한다.
   I know that he will come back as he promised, for he is a man who has never **broken** his word.
   정답 X

5 해석 당신은 그가 공사를 완성하기 전까진 공사 대금 전액을 지불하지 말았어야 했다.
   어휘 sum 액수
   풀이 should have p.p. ~했어야 했는데/should not have p.p. ~하지 말았어야 했는데
   정답 O

6   **해석** 인터넷 사용이 활발해지면서 신원 도용이 미국 전역에서 가장 급격히 증가하는 화이트칼라 범죄가 되고 있다.

어휘 identity theft 신원 도용   white-collar crime 화이트 칼라의 범죄, 공무원이나 회사원의 부정행위

풀이 현재완료는 have 다음에 과거완료형을 써야 하므로 became을 become으로 고쳐야 한다.
(become:became:become)
With help from the Internet, identity theft has **become** the nation's fastest-growing white-collar crime.

정답 X

7   **해석** 시위에 참여한 사람은 셀 수 없었다.

어휘 take part in 참여하다   riot 폭동, 시위   as numberless as the sand 모래만큼 많아 셀 수 없는, 셀 수 없이 많은

풀이 형용사절 내에 동사가 불완전하다. taken은 과거완료형이므로 과거형 took으로 고친다.
Those who **took** part in the riot were as numberless as the sand.

정답 X

8   **해석** 그의 사상은 철학자들에게 좋은 영향을 끼쳤다.

어휘 exert (영향력을) 행사하다   philosopher 철학자

풀이 thought는 think의 과거형일 뿐만 아니라 '생각', '사상'이라는 뜻의 명사이기도 하다.

정답 O

9   **해석** 만약 클레오파트라의 코가 조금만 낮았더라면 세계의 역사는 달라졌을 것이다.

어휘 flat 평평한, 납작한

풀이 가정법 과거완료 구문으로 바른 문장이다. might have p.p. ～했을지도 모른다

정답 O

10 **해석** 경제 위기 동안 일부 회사들이 빠른 속도로 잇달아 파산했다.

어휘 go bankrupt 파산하다   in succession 잇달아, 계속하여

풀이 동사가 불완전하다. gone은 과거완료형이므로 과거형인 went로 고친다.
During the economic crisis, several companies **went** bankrupt in rapid succession.

정답 X

시제	형태	의미	사용
현재완료	have+p.p.	과거에서 현재까지	과거 동사와 사용 불가
과거완료	had+p.p.	과거 전에서 과거까지	현재 동사와 사용 불가

e.g.

She **has lived** in Los Angeles for ten years.
그녀는 10년 동안 로스앤젤레스에 거주하고 있다.

At the start of the **nineteenth century**, Thomas Jefferson **became** president of the U.S.
19세기 초반 무렵, 토마스 제퍼슨은 미국의 대통령이 되었다.

Sue **had lived** in Los Angeles for ten years **when she moved** to San Diego.
수가 샌디에이고로 이사했을 때 그녀는 로스앤젤레스에 10년 동안 살았었다.

Tom **had finished** the exam **when** the teacher **collected** the papers.
선생님이 시험지를 걷어 갈 때 톰은 시험을 끝냈다.

Must Check

현재완료는 과거를 의미하는 표현과 함께 쓰일 수 없다.

(예: last year, 10 years ago, 1980, yesterday, just now, when 등)

Example

(A) Hundreds of years ago, people (B) have attempted to gain a rudimentary (C) understanding of the atmosphere (D) in which they lived.

해석 수백 년 전에 사람들은 그들이 살고 있는 대기권에 대해 기초적인 이해를 하려고 시도했다.

풀이 수백 년 전이라고 했으므로 현재완료와 쓸 수 없다. 따라서 (B)를 과거형 attempted로 고친다.

정답 (B)

문장이 옳으면 O, 옳지 않으면 X를 고르세요.

1 Heroes have always had friends who help them, or they have friends with special skills.   (O , X)

2 Because his proposal had been rejected, he is disappointed.   (O , X)

3 Did you say eighteen hundred people have registered for the course?   (O , X)

4 I have purchased their products in the past, and have been satisfied with their overall quality.   (O , X)

5 Four years has elapsed since he finished college and still he hasn't found a job.   (O , X)

6 Our troops retook the island which has been captured by the enemy.   (O , X)

7 He realizes the importance of health only after he had lost it.   (O , X)

8 After the votes were counted, it had been determined that Jun was the winner of the election.   (O , X)

9 The two enterprises have worked in partnership with each other for the last 10 years.   (O , X)

10 I had fastened the seat belt before the airplane took off.   (O , X)

1 **해석** 영웅들은 항상 그들을 도와주는 친구들, 혹은 특별한 재능을 소유한 친구들이 있습니다.
　　풀이 have had는 have(소유하다)의 현재완료형으로 바른 문장이다.
　　정답 O

2 **해석** 그의 제안이 거절되었기 때문에 그는 실망하고 있다. /
　　　　그의 제안이 거절되었었기 때문에 그는 실망했었다.
　　어휘 proposal 제안　　reject 거절하다
　　풀이 과거완료는 현재시제와 함께 쓸 수 없다.
　　　　Because his proposal **has been rejected**, he **is** disappointed.
　　　　Because his proposal **had been rejected**, he **was** disappointed.
　　정답 X

3 **해석** 그 강좌에 1800명이 등록했다고요?
　　어휘 register 등록하다
　　풀이 현재완료는 과거시제와 쓸 수 없다.
　　　　Did you say eighteen hundred people **had registered** for the course?
　　정답 X

4 **해석** 전에도 그들의 제품들을 구입한 적이 있고, 전반적인 품질에 만족하고 있습니다.
　　어휘 overall 전체의, 전반적인
　　풀이 여기서 in the past는 단지 과거에 그들의 제품을 구입했던 경험을 말하고 있을 뿐 과거 사실을 기술하
　　　　는 것이 아니므로 바른 문장이다.
　　정답 O

5 **해석** 그가 대학을 졸업한 지 4년이 지났지만 여전히 직장을 구하지 못했다.
　　어휘 elapse 흐르다, 지나다
　　풀이 일반적으로 시간, 가격, 거리, 중량 등은 단수 취급하지만 시간의 경과는 복수 취급한다.
　　　　Four years **have** elapsed since he finished college and still he hasn't found a job.
　　정답 X

6 **해석** 아군은 적군에 점령되었던 섬을 탈환했다.

어휘 troop 군대, 무리　capture 차지하다, 점유하다

풀이 현재완료는 과거시제와 함께 쓸 수 없다. 현재완료를 과거완료로 고친다.
Our troops retook the island which **had** been captured by the enemy.

정답 X

7 **해석** 그는 건강을 잃고 나서야 비로소 그 소중함을 알았다.

풀이 과거완료는 현재시제와 함께 쓸 수 없다. 현재형을 과거형으로 고친다.
He **realized** the importance of health only after he had lost it.

정답 X

8 **해석** 투표가 집계된 후, 준이 선거의 승리자로 결정되었다.

풀이 과거완료가 과거 동사와 쓰였기 때문에 바른 문장 같지만, the votes were counted가 더 이전의
일이므로 After the votes **had been counted**, it **was determined** that Jun was the
winner of the election.으로 고쳐야 한다.

정답 X

9 **해석** 두 기업은 지난 10년간 파트너십을 유지해 왔다.

어휘 enterprise 기업

풀이 10년 동안이라고 했으므로 현재완료(have worked)를 쓰는 것이 맞다.

정답 O

10 **해석** 비행기가 이륙하기 전 나는 안전띠를 맸다.

어휘 fasten 매다, 잠그다　take off 이륙하다

풀이 과거완료(had fastened)가 과거 동사(took off)와 쓰였기 때문에 바른 문장이다.

정답 O

각 시제의 키워드가 될 수
있는 표현들을 기억해 둔다.

과거시제	과거완료	현재완료
in+과거년도 ~ ago last ~	by+과거년도	since+시점 for+기간 lately / recently so far = up to now(지금까지)

e.g.

We moved to New York **in 1970**.
우리는 1970년에 뉴욕으로 이사 갔다.

We had left there **by 1980**.
우리는 1980년경 그곳을 떠났다.

We have lived in San Francisco **since 1982**.
우리는 1982년부터 샌프란시스코에 거주하고 있다.

She got a job **two years ago**.
그녀는 2년 전에 직업을 구했다.

She started working **last week**.
그녀는 지난주에 일을 시작했다.

She has worked very hard **lately**.
그녀는 최근에 매우 열심히 일을 하고 있다.

Example

Flocks of passenger pigeons were once so large they could block out the sun for hours, but by 1914 the birds ________________ into extinction.

(A) hunted

(B) had hunted

(C) had been hunted

(D) would have been hunted

해석 나그네 비둘기 떼는 한때 너무나 커서 몇 시간 동안 태양을 가릴 정도였다. 그러나 1914년 무렵 이미 그 새들은 사냥으로 멸종해 버렸다.

풀이 주어 bird가 사냥이 되는 대상이므로 수동형을 써야 하고, by 1914로 보아 1914년보다 이미 이전에 이루어진 일이므로 과거완료를 사용한다.

정답 (C)

문장이 옳으면 O, 옳지 않으면 X를 고르세요.

1 My mother hauled me over the coals for coming home in late
   last night.   (O , X)

2 I would like to order a man's jacket and a pair of pants which are
   on the air yesterday.   (O , X)

3 The world renowned tenor made his operatic debut in his
   hometown of Barcelona in 1970.   (O , X)

4 We've discussed this problem intermittently, but so far we've
   failed to come up with a solution.   (O , X)

5 Inventions like the toothbrush, contact lenses, and credit cards
   come into use long ago.   (O , X)

6 Catalog sales have replaced 75% of our in-store sales by the
   early 1980s.   (O , X)

7 There's been a suspicious-looking man hanging around outside
   my house lately.   (O , X)

8 Washington blocked sales of F-16 fighter jets in 1990 as a
   sanction against Pakistan's nuclear program.   (O , X)

9 By the time the main speaker was introduced, all the guests had
   arrived and been seated.   (O , X)

10 I had not done much more work since I talked to you on
    Monday.   (O , X)

1

해석 어머니는 어젯밤 늦게 들어온 일로 나를 엄하게 꾸짖으셨다.

어휘 haul ~ over the coals ~를 몹시 꾸짖다

풀이 last night이라고 했으므로 과거 동사(hauled)를 쓰는 것이 맞다.

정답 O

2

해석 어제 방송했던 남성 재킷과 바지 한 벌을 주문하고 싶어요.

어휘 on the air 방송 중에

풀이 yesterday라고 했으므로 과거형(were)으로 고친다.

I would like to order a man's jacket and a pair of pants which **were** on the air yesterday.

정답 X

3

해석 세계적으로 잘 알려진 그 테너는 1970년 고향인 바르셀로나에서 오페라 데뷔 무대를 가졌다.

어휘 make debut 첫 선을 보이다

풀이 in 1970이라고 했으므로 과거 동사(made)를 쓰는 것이 맞다.

정답 O

4

해석 우리는 이 문제를 간헐적으로 논의해 왔지만, 지금까지 해결책을 제시하지 못했다.

어휘 intermittently 간헐적으로   so far 지금까지   come up with 찾아내다

풀이 지금까지라는 의미인 so far는 현재완료와 쓰일 수 있는 표현으로 바른 문장이다.

정답 O

5

해석 칫솔, 콘택트렌즈, 신용카드 등과 같은 발명품은 오래 전부터 사용되기 시작했다.

어휘 invention 발명품   come into use 사용하기 시작하다

풀이 long ago라고 했으므로 과거형(came)로 고친다.

Inventions like the toothbrush, contact lenses, and credit cards **came** into use long ago.

정답 X

6   **해석** 통신 판매 매출은 1980년대 초까지 우리 점포 매출액의 75%를 대체했다.

   어휘 catalog sales 카탈로그 통신 판매

   풀이 「by+과거 년도」가 있으면 동사는 과거완료(had replaced)로 써야 한다.
Catalog sales **had replaced** 75% of our in-store sales by the early 1980s.

   정답 X

7   **해석** 요즈음 수상한 남자가 집 밖에서 서성거리고 있다.

   어휘 hang around 서성거리다

   풀이 lately가 있으면 동사를 현재완료형(has been)으로 써야 한다. There's been은 There has been의 축약 형태이다.

   정답 O

8   **해석** 미 행정부는 1990년 파키스탄의 핵 개발 계획에 대한 제재 조치로 F-16기의 판매를 금지시켰습니다.

   어휘 sanction 제재

   풀이 in 1990라고 했으므로 과거 동사(blocked)를 쓰는 것이 맞다.

   정답 O

9   **해석** 메인 연설가가 소개될 무렵 모든 손님들이 도착해서 착석했다.

   풀이 「by the time 주어+과거 동사, 주어+과거완료」 문장이다.

   정답 O

10 **해석** 월요일에 너와 이야기를 나눈 후, 나는 많은 일을 하지 못했다.

   풀이 since가 있으므로 현재완료 동사(have not done)로 고쳐야 한다.
I **have** not done much more work since I talked to you on Monday.

   정답 X

Must Check

과거 동사+would /
현재 동사+will의
단순사실을 기억한다.

동사	의미	쓰임
will	현재 이후	현재 동사와 함께 사용
would	과거 이후	과거 동사와 함께 사용

e.g.

I know that they **will**(O) / **would**(X) arrive soon.
나는 그들이 곧 도착할 것이라는 것을 안다.

It **is**(O) / **was**(X) certain that he will graduate.
그가 졸업할 것은 확실하다.

I **knew** that he **would** arrive soon.
나는 그가 곧 도착할 것이라는 것을 알고 있었다.

It **was** certain that he **would** graduate.
그가 졸업할 것은 확실했다.

Example

It is inevitable (A) that the opening of the new shopping center, (B) scheduled (C) for this Friday night, (D) would be delayed at least a week because of flood damage.

해석 이번 주 금요일 밤으로 예정된 새로운 쇼핑 센터의 개관식이 홍수 피해 때문에 최소 일주일 연기될 것은 불가피하다.

풀이 주절의 동사가 현재시제(is)이므로 would를 will로 고친다.

정답 **(D)**

문장이 옳으면 O, 옳지 않으면 X를 고르세요.

1 It is expected that there will be many interesting programs during this festival.　　(O , X)

2 I thought that any money spent on development will reap benefits over time.　　(O , X)

3 Governor Chris Patten says he will move ahead with his proposals for democratic reform, although China objects.　　(O , X)

4 Several German automakers said they will add in-vehicle navigation and Internet services to their future vehicle models.　　(O , X)

5 The Los Angeles-based company said yesterday that it would shut down the Seattle plant by the end of the year.　　(O , X)

6 The highway patrol officer says that he would write a ticket if he has time.　　(O , X)

7 Clients' credit ratings will be thoroughly assessed before loans are issued.　　(O , X)

8 He told me that he thought he will get the job in spite of his lack of education.　　(O , X)

9 The car will face many hardships before it was accepted by environmentalists.　　(O , X)

10 Experts had certain ideas about which food will increase their physical ability or help them lose weight.　　(O , X)

1
해석 이 축제 동안에는 다양한 이벤트들이 펼쳐질 것으로 기대된다.
풀이 주절의 동사 is expected는 현재형 수동태이므로, will은 바르게 쓰인 조동사이다.
정답 O

2
해석 발전에 쓰이는 모든 돈은 시간이 지나면서 이득을 얻는다고 생각했다.
어휘 reap 거두다
풀이 주절의 동사 thought는 과거시제이므로, will을 would로 고친다.
I thought that any money spent on development **would** reap benefits over time.
정답 X

3
해석 크리스 패튼 총독은 중국의 반대에도 불구하고 민주화 개혁안을 추진할 것이라고 밝혔습니다.
어휘 move ahead with (계획 등을) 진행시키다, 밀고 나가다
풀이 주절의 동사 says는 현재시제이므로, will은 바르게 쓰인 조동사이다.
정답 O

4
해석 몇몇 독일 자동차 제조사들은 향후 자사 자동차 모델에는 내장 항법장치와 인터넷 서비스 기능을 추가시킬 것이라고 한다.
어휘 navigation 항법장치
풀이 주절의 시제가 said로 과거시제이므로 will이 아닌 would가 되어야 한다.
Several German automakers said they **would** add in-vehicle navigation and Internet services to their future vehicle models.
정답 X

5
해석 로스앤젤레스에 본사를 둔 그 회사는 어제, 금년 말까지 시애틀 공장을 폐쇄할 계획이라고 전했다.
어휘 shut down 문을 닫다   plant 공장
풀이 주절의 동사 said는 과거시제이므로, would는 바르게 쓰인 조동사이다.
정답 O

6   **해석** 고속도로 순찰 대원이 만일 시간이 있다면 딱지를 끊었을 것이라고 한다.

  풀이 that 이하는 가정법 과거이다. 「would+원형」이므로 if절의 동사는 과거형 had로 고친다.

  The highway patrol officer says that he would write a ticket if he **had** time.

  정답 X

7   **해석** 대출이 이루어지기 전에 고객의 신용도가 철저히 평가될 것이다.

  어휘 thoroughly 완전히, 철저히   assess 평가하다

  풀이 주절의 동사는 미래시제인 will be인데, 부사절의 동사는 현재형 are이다. 시간, 조건 부사절에서는 미래 대신 현재형 동사가 쓰이기 때문이다.

  정답 O

8   **해석** 그는 부족한 학벌에도 불구하고 그 일을 하게 될 줄 알았다고 나에게 말했다.

  풀이 주절의 동사 told는 과거시제이므로, 종속절의 will은 would로 고친다.

  He told me that he thought he **would** get the job in spite of his lack of education.

  정답 X

9   **해석** 그 차가 환경론자들에게 받아들여지기 전까지 그 차는 많은 역경에 직면할 것이다.

  풀이 주절의 시제가 미래(will)이므로, before 이하가 시간 부사절이므로 is accepted로 고친다.

  The car will face many hardships before it **is** accepted by environmentalists.

  아니면 주절의 will을 would로 써도 된다.

  The car **would** face many hardships before it **was accepted** by environmentalists.

  정답 X

10   **해석** 전문가들은 어떤 음식이 그들의 신체적 능력을 증가시켜 줄지 혹은 체중을 감소하는 데 도움이 될지에 대한 확실한 개념들을 가지고 있다.

  풀이 주절의 동사 had는 과거시제이므로, 명사절의 will은 would로 고친다.

  Experts had certain ideas about which food **would** increase their physical ability or help them lose weight.

  정답 X

문장이 옳으면 O, 옳지 않으면 X를 고르세요.

1. By the time the problem was reported, it had already been fixed. (O , X)

2. An evaluation of the entire system will be undertaken next week when the Chief Executive Officer, Mr. John Edwards, will come here. (O , X)

3. The children were drilled to leave the classroom quickly when the fire bell has rung. (O , X)

4. They also warn that they will lower their evaluation of South Korea next month if the relationship between South Korea and the U.S. will worsen. (O , X)

5. Qantas Airlines announced yesterday that it has decreased its number of canceled flights by 13 percent in comparison with last year. (O , X)

6. A drunk phoned police to report that thieves had been in his car. (O , X)

7. He realized the importance of health only after he has lost it. (O , X)

8. The parking at the arena was inadequate for the tremendous number of drivers who will want to park there. (O , X)

9. The board will decide by Friday how the first-floor pavilion will be redesigned. (O , X)

10. The Philippine Overseas Employment Administration says almost 1,500 aircraft mechanics have gone abroad since 2000. (O , X)

1 **해석** 문제가 보고되었을 때에는 이미 그 문제가 해결된 상태였다.
풀이 「By the time+현재시제, will have p.p.」 또는 「By the time+과거시제, had p.p.」와 같이 쓰인다.

2 **해석** 대표 이사인 존 에드워드 씨가 이곳에 오시는 다음 주에, 전체 시스템에 대한 평가를 착수할 예정이다.
풀이 시간 부사절인 when 이하는 현재시제를 쓴다. will come을 comes로 고쳐야 한다.
An evaluation of the entire system will be undertaken next week when the Chief Executive Officer, Mr. John Edwards, **comes** here.

3 **해석** 아이들은 화재 경보가 울리면 신속히 교실을 나가도록 훈련을 받았다.
풀이 주절의 시제가 과거(were)이므로 부사절 역시 과거로 고친다.
The children were drilled to leave the classroom quickly when the fire bell **rang**.

4 **해석** 그들은 또한 한미간 관계가 악화된다면, 다음 달에 있을 평가를 하향 조정할 것이라고 경고했다.
어휘 evaluation 평가
풀이 조건 부사절인 if 이하는 현재시제를 쓴다. 따라서 will worsen을 worsens로 고쳐야 한다.
They also warn that they will lower their evaluation of South Korea next month if the relationship between South Korea and the U.S. **worsens**.

5 **해석** 콴타스 항공은 자사의 항공편 취소 횟수를 작년 대비 13퍼센트나 줄였다고 어제 발표했다.
어휘 in comparison with ～와 비교해 볼 때
풀이 주절의 시제가 과거(announced)이고 취소 횟수는 그보다도 이전에 줄인 것이므로 과거완료로 고친다.
Qantas Airlines announced yesterday that it **had** decreased its number of canceled flights by 13 percent in comparison with last year.

6 **해석** 술 취한 사람이 경찰에 전화를 걸어 자신의 차에 도둑이 들었다고 신고했다.

어휘 drunk 술 취한 사람

풀이 과거 동사 phoned를 기준으로 도둑이 든 것은 이전의 일이므로 과거분사가 맞다.

7 **해석** 그는 건강을 잃고 나서야 비로소 그 소중함을 알았다.

풀이 과거 동사 realized보다 건강을 잃은 것이 이전의 일이므로 과거분사로 고친다.
He realized the importance of health only after he **had** lost it.

8 **해석** 경기장의 주차장은 그곳에 주차하려는 엄청난 수의 운전자들에게는 부적절했다.

어휘 inadequate 부적절한   tremendous 엄청난

풀이 주절의 동사가 was이므로 관계사절의 will은 would로 고친다.
The parking at the arena was inadequate for the tremendous number of drivers who **would** want to park there.

9 **해석** 이사회는 1층 전시관을 어떻게 새로 꾸밀지 금요일까지 결정할 것이다.

어휘 pavilion 전시관

풀이 주절이 미래시제(will decide)이므로 명사절도 미래시제(will be redesigned)로 쓰는 것이 맞다. by Friday는 부사구, how 이하는 decide의 목적절이다.

10 **해석** 필리핀 해외 고용청에 따르면 2000년 이래 약 1천 5백 명의 항공기 정비사가 해외로 나갔다.

어휘 Overseas Employment Administration 해외 고용청

풀이 since 2000이 있으므로 주절의 동사를 현재시제(says)로 쓰는 것이 맞다.

정답

1. O   2. X   3. X   4. X   5. X   6. O   7. X   8. X   9. O   10. O

Chapter 9 동사와 태

문장 (1)

Unit 33

Must Check

각 형식의 동사의 쓰임과
특징을 암기한다.

1. 스스로 의미를 갖는 자동사

e.g.

Our class **begins** at 9:00.
우리 수업은 9시에 시작한다.

She **came** here to see me.
그녀는 나를 보러 이곳에 왔다.

2. 보충어를 필요로 하는 동사

e.g.

He **is** happy.
그녀는 행복하다.

He **became** a teacher.
그는 선생님이 되었다.

오감 동사 : look, sound, smell, taste, fee 등
변화 동사 : be, become, come, go, get, grow, turn, prove 등
유지, 지속의 동사 : stand, stay, hold, keep, remain, continue 등
판명, 판단 동사 : seem, appear, prove 등

3. 전치사와 함께 쓰이면 틀리는 3형식 동사들

attend, answer, approach, address, greet, reach, oppose, telephone
은 **to**와 함께 쓰지 않는다.
consider, discuss, explain, mention은 **about**과 함께 쓰지 않는다.
accompany, contact, handle, marry, resemble은 **with**와 함께 쓰지
않는다.
avoid, escape는 **from**과 함께 쓰지 않는다.

Example

I (A) cannot approach (B) to the dexterity (C) which he
plays (D) the piano.

해석 나는 그의 피아노 솜씨를 따라잡을 수가 없다.

풀이 approach 뒤에 장소가 와서 '다가가다'의 의미인 경우 타동사이지만, '근접하다'
의 의미로 쓰이면 approach to를 쓰기 때문에 전치사 to는 맞는 표현이다. (C) which
→ which to로 고친다. which는 관계대명사이므로 주어(he), 타동사(plays), 목적어
(the piano)가 모두 나온 상태에서 쓰일 자리가 없다. I cannot approach to the
dexterity and he plays with the dexterity.를 관계대명사를 써서 줄인 문장이다.

정답 (C)

문장이 옳으면 O, 옳지 않으면 X를 고르세요.

1 The food will go bad if you don't put it in the refrigerator.　　(O , X)

2 My brother was robbed his watch on his way to school.　　(O , X)

3 Mr. Jun offered me the position because he may think that I have credential.　　(O , X)

4 Before producing *Gone with the wind*, the book that won her famous, Margaret Mitchell wrote a novel about the First World War.　　(O , X)

5 Timbre is a peculiar blend of tones in any sound; it is why a tuba sounds so differently from a flute even when they are playing the same melody in the same key.　　(O , X)

6 You should consider about all aspects of your decision, negative as well as positive.　　(O , X)

7 I want to remind you of the new energy conservation program that will start next month.　　(O , X)

8 This virus can also inhabit in swimming pools, lakes, wells, and municipal water supplies.　　(O , X)

9 It is my pleasure to introduce you the man who has put our community on the map, Mr. Jun.　　(O , X)

10 A business plan should clearly explain how a new product or service differs from the competition.　　(O , X)

1 　해석 음식을 냉장고에 넣지 않으면 상할 것이다.
　어휘 go bad 상하다　refrigerator 냉장고
　풀이 go가 형용사 보어를 취하는 2형식으로 쓰이면 '~ 상태가 되다'의 뜻이다.
　정답 O

2 　해석 동생은 학교 가는 길에 시계를 빼앗겼다.
　어휘 rob A of B A에게서 B를 빼앗다
　풀이 Someone robbed my brother of his watch를 수동태로 쓰면 My brother was robbed of his watch (by someone)가 되기 때문에 전치사 of가 있어야 한다.
　　　수동태에서 someone과 같이 행위자를 알 수 없는 경우 주로 생략한다.
　　　My brother was robbed **of** his watch on his way to school.
　정답 X

3 　해석 준 씨는 내가 자격이 있다고 생각했기 때문에 나에게 그 자리를 제안했다.
　풀이 credential은 형용사이고, credential**s**처럼 복수로 써야 '자격'이라는 뜻의 명사가 된다. 타동사 have의 목적어가 필요하므로 credentials(명사)로 써야 한다. offer는 4형식 동사로 목적어를 두 개(me-간.목 / the position-직.목) 취한다.
　　　Mr. Jun offered me the position because he may think that I have **credentials**.
　정답 X

4 　해석 그녀에게 명성을 안겨다 준 〈바람과 함께 사라지다〉를 쓰기 전 마가렛 미첼은 1차 세계대전에 관한 책을 썼다.
　풀이 win이 4형식으로 쓰이면 목적어를 두 개 취하여 win someone+something(someone에게 something을 주다)이 된다. famous는 형용사이므로 목적어가 될 수 없다. 명사 fame으로 고친다.
　　　Before producing *Gone with the wind*, the book that won her **fame**, Margaret Mitchell wrote a novel about the First World War.
　정답 X

5 　해석 음색은 어떤 소리에 있어서의 톤의 독특한 조합이다. 그것이 바로 튜바 소리가 심지어 같은 키에서 같은 멜로디를 연주하는데도 플루트 소리와 다른 이유이다.
　어휘 timbre 음색　peculiar 독특한　blend 혼합
　풀이 sound는 2형식 오감 동사로 부사를 보어로 취할 수 없다. different로 고친다.
　　　Timbre is a peculiar blend of tones in any sound; it is why a tuba sounds so **different** from a flute even when they are playing the same melody in the same key.
　정답 X

6 **해석** 자기가 내리는 결정의 모든 측면, 즉 긍정적인 면뿐 아니라 부정적인 면도 고려해야만 한다.

어휘 negative 긍정적인   positive 부정적인

풀이 consider는 타동사로 전치사 없이 목적어를 취하므로 about을 삭제한다.
You should **consider** all aspects of your decision, negative as well as positive.

정답 X

7 **해석** 저는 다음 달에 시작될 에너지 절약 프로그램을 귀하에게 상기시키고 싶습니다.

어휘 conservation 보존, 보호

풀이 remind 뒤에는 상기될 사람이, 전치사 of 뒤에는 상기시킬 내용이 나온다.

정답 O

8 **해석** 이 바이러스는 또한 수영장, 호수, 우물 및 도시의 상수도에 서식할 수 있습니다.

어휘 inhabit 거주하다(=live in)   well 우물   municipal 지방의, 시의

풀이 inhabit은 타동사로 전치사 없이 목적어를 취해야 한다. in을 삭제한다.
This virus can also inhabit swimming pools, lakes, wells, and municipal water supplies.

정답 X

9 **해석** 오늘 여러분께 우리 마을을 빛내 주신 존 준 씨를 소개하게 되어 영광입니다.

어휘 community 도시, 마을

풀이 introduce는 3형식 동사로 목적어를 두 개 취할 수 없다. the man이 목적어이므로 you 앞에 전치사 to를 붙여 to you로 고친다. 목적어가 뒤로 간 이유는 형용사절(who ~ Mr. Jun)의 수식을 받기 때문이다.
It is my pleasure to introduce **to you** the man who has put our community on the map, Mr. Jun.

정답 X

10 **해석** 사업 계획서에는 신제품 또는 새로운 서비스가 경쟁사와 어떻게 다른지가 분명하게 명시되어야 한다.

어휘 competition 경쟁(사)

풀이 explain은 3형식 타동사로 전치사 about 없이 목적어(절)를 취하는 동사이다.

정답 O

Must Check

가목적어, 지각동사,
사역동사 등의 쓰임을
기억한다.

1. 보충어를 필요로 하는 목적어

He **made** her happy. 그는 그녀를 행복하게 만들어 주었다.

I **found** the situation difficult. 나는 그 상황이 어렵다는 것을 알았다.

2. 5형식 동사 believe, find, make, think. take 등의 동사는 목적어로 to부정사나 that절을 취할 수 없으므로 가목적어 it을 쓴다.

I make to get up at 6 in the morning a rule.

⇒ I make **it** a rule to get up at 6 in the morning.
나는 늘 아침 6시에 일어나는 것을 습관으로 한다.

3. 사역동사(make, have, let)나 지각동사(see, hear ,feel)일 때

목적어와 목적 보어의 관계가 **능동**이면 **원형동사**나 **V -ing**를 쓰고,
목적어와 목적 보어의 관계가 **수동**이면 **V -ed(=p.p.)**를 쓴다.

I **made** him **clean** my car.

= I **made** my car **cleaned** by him. 나는 그가 내 차를 청소하도록 만들었다.

4. as + 목적 보어

regard (간주하다), describe (묘사하다), define (정의내리다),
refer to (언급하다), think of (생각하다), treat (다루다), look upon (간주하다)
이러한 5형식 동사들은 목적 보어 앞에 반드시 전치사 as를 수반한다.

They **regarded** the situation **as** serious. 그들은 상황을 심각하게 간주했다.

I always **think of** you **as** a child. 나는 항상 네가 어리게만 생각된다.

Example

Understanding (A) how dwarf galaxies and dark matter distort galaxies helps astronomers (B) understand how such structures arise in the universe and (C) perhaps answering fundamental questions about the origins of (D) stars and planets.

해석 작은 은하와 어두운 물질들이 어떻게 은하계를 왜곡시키는지를 이해하는 것은 천문학자들에게 어떻게 그런 구조물들이 우주에서 발생하는가에 관한 것과 별들과 행성들의 기원에 대한 근본적인 의문들에 답을 하도록 돕는다.

풀이 준사역동사 helps 뒤에는 원형도 부정사도 가능하다. helps astronomers understand ~ and perhaps answering ~에서 등위접속사 and가 있으므로 understand와 answer를 병치시킨다.

정답 (C)

Exercise 문장이 옳으면 O, 옳지 않으면 X를 고르세요.

1 If you steal the money, I'll have you arrested.　(O , X)

2 He wanted the job is done quickly and without mistake.　(O , X)

3 Our family have been photographer's to have our picture take.　(O , X)

4 If the parcel must be received by tomorrow, you can have it
   delivered through an overnight express.　(O , X)

5 If you let us handle your problem, our experienced consultants
   will help you make your company more competitively.　(O , X)

6 She had flattering portraits painted and copies widely
   distributing.　(O , X)

7 California's weather makes them possible for farmers to grow an
   enormous variety of oranges.　(O , X)

8 The primary objective of marketing department is to keep
   customers informed about the company.　(O , X)

9 Every witness is expected that he will be asked to give
   testimony he does not wish to disclose.　(O , X)

10 The security guard made us present our identification card when
   we entered the meeting.　(O , X)

1 　해석　만일 네가 그 돈을 훔친다면, 나는 네가 체포되도록 할 것이다.
　　　풀이　여기서 have는 사역동사이고 목적어 you가 체포되는 것이므로 수동의 arrested는 바른 형태이다.
　　　정답　O

2 　해석　그는 그 일이 빠르고 실수 없이 되길 원했다.
　　　풀이　동사가 두 개(wanted, is done)이다.
　　　　　　목적어 the job이 되는 것이므로 수동의 과거분사로 고친다.
　　　　　　He wanted the job **done** quickly and without mistake.
　　　정답　X

3 　해석　우리 가족은 사진을 찍으러 사진관에 다녀왔다.
　　　풀이　have의 목적어 our picture가 찍히는 것이므로 수동을 나타내는 과거분사 taken으로 고친다.
　　　　　　Our family have been photographer's to have our picture **taken**.
　　　정답　X

4 　해석　만일 소포가 내일까지 도착해야 한다면, 당일 속달 우편을 통해 배달되도록 할 수 있다.
　　　어휘　overnight express mail (다음날 아침까지 배달되는) 당일 속달 우편
　　　풀이　have의 목적어 it이 배달되는 것이므로 수동을 나타내는 delivered는 바른 형태이다.
　　　정답　O

5 　해석　만일 우리가 당신의 문제를 다루도록 허락한다면, 우리의 경험 있는 조언자가 당신의 회사를 보다 경쟁력
　　　　　　있는 상태로 만들어 줄 것이다.
　　　풀이　make(5형식 동사), your company(목적어), more competitively(목적 보어)의 구조로 목적 보어는
　　　　　　부사가 아닌 명사나 형용사가 되어야 한다. 경쟁력 있는 상태를 의미하는 형용사 보어 competitive로
　　　　　　고친다.
　　　　　　If you let us handle your problem, our experienced consultants will help you make
　　　　　　your company more **competitive**.
　　　정답　X

6 **해석** 그녀는 초상화를 실물보다 잘 그려지게 만들었고, 그리고 복사본이 퍼지도록 했다.

어휘 flattering 실물보다 나은

풀이 and를 기준으로 flattering portraits(목적어), painted(목적 보어), 그리고 copies(목적어), widely distributing(목적 보어)의 구조이다. 목적어인 copies(복사본)가 배포하는 것이 아니라 배포되는 것이므로 distributed로 고친다.
She had flattering portraits painted and copies widely **distributed**.

정답 X

7 **해석** 캘리포니아의 날씨는 농부들로 하여금 엄청나게 다양한 오렌지를 키우는 것을 가능케 했다.

풀이 목적어 them이 가리키는 명사가 없다. make는 5형식 동사로 「make+it+목적 보어+to부정사」의 형태로 쓰인다. for farmers는 의미상 주어, to grow 이하가 진목적어이므로 them을 it으로 고친다.
California's weather makes **it** possible for farmers to grow an enormous variety of oranges.

정답 X

8 **해석** 마케팅 부서의 주된 목적은 고객들이 그 회사에 관하여 정보를 지속적으로 받도록 하는 것이다.

풀이 「keep+목적어+p.p.」 구문으로 목적어인 고객들이 정보를 받는 것이므로 수동의 과거분사가 된 것이다.

정답 O

9 **해석** 모든 증인들은 누설하고 싶지 않은 증언을 하도록 요구받을 것이라고 예상한다.

어휘 testimony 증언   disclose 누설하다

풀이 주어진 문장을 능동태로 쓰면, We expect every witness to be asked to give testimony ~로 「expect+목적어+to부정사」 구문이다. 이것을 수동태로 고치면 Every witness is expected to be asked to give testimony ~가 되는 것이다.
Every witness is expected **to be asked** to give testimony he does not wish to disclose.

정답 X

10 **해석** 보안 요원이 우리가 회의에 참가할 때 신분증을 제시하도록 했다.

풀이 「make+목적어+원형」으로 바른 문장이다.

정답 O

Must Check

3형식 타동사의 목적어가
없다면 수동태이다.

수동태의 형태

1. 일반동사의 수동태 : be + p.p.

e.g.

Margaret **wrote** the letter. [능동태]

The letter **was written** (by Margaret). [수동태]

A famous artist **painted** the portrait. [능동태]

The portrait **was painted** (by a famous artist). [수동태]

2. 진행동사의 수동태 : be + being + p.p.

e.g.

The ozone layer **is being destroyed**.
오존층이 파괴되는 중이다.

3. 완료 동사의 수동태 : have(had) + been + p.p.

e.g.

The regulation **has been tightened** up recently.
규칙이 최근 엄해져 왔다.

4. 조동사의 수동태 : can(will, should, may, must) + be + p.p.

e.g.

No fine work **can be done** without toil.
그 어떤 훌륭한 일도 노력 없이는 될 수 없다.

School fee **should be paid** by the due date.
수업료는 납기 내에 납부되어야 한다.

Example

Notwithstanding several decades of (A) study, scientists
do not understand (B) why human populations (C) biased
toward right-hand use (D) rather than left-hand use.

해석 수십 년의 연구에도 불구하고 과학자들은 사람들이 왼손이 아니라 오른손을 사용하
는 쪽으로 기울게 된 이유를 이해하지 못하고 있다.

풀이 bias는 '편견을 갖게 하다', '∼쪽으로 기울게 하다'라는 뜻의 타동사이다. 목적어가
없으므로 수동태(were biased)로 고친다.

정답 (C)

문장이 옳으면 O, 옳지 않으면 X를 고르세요.

1 More than two-thirds of the questionnaires were returned by the female respondents. (O , X)

2 Legend tells of a mythical bird that periodically burned itself to death and was emerged from the ashes as a new phoenix. (O , X)

3 I have never be stung by a bee. (O , X)

4 The teachers have only had about a month to write the textbooks that will be used in their lectures, and the textbooks have been criticized for lacking substance. (O , X)

5 These ridiculous rules and regulations should have done away with years ago. (O , X)

6 They must have been maddened when they were found they had been played off by their opponents. (O , X)

7 They say that the economic profits of certain countries have been happened at the expense of developing countries. (O , X)

8 Buses that operate on hydrogen fuel cell power are being tested on the roads. (O , X)

9 You have to keep stirring until the flour and the eggs are thoroughly blended. (O , X)

10 Things that you couldn't do in the past can now be done with computer-generated effects. (O , X)

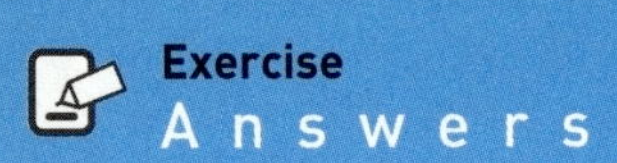

Exercise Answers

1
해석 설문지의 2/3 이상이 여성 응답자에 의해 회수되었다.
풀이 return은 타동사로 수동태가 가능하다. 회수되었다는 의미이므로 수동태가 맞다.
정답 O

2
해석 정기적으로 불에 타 죽었다가 새로운 불사조가 되어 재에서 다시 살아나는 신비의 새에 관한 전설이 전해져 오고 있습니다.
어휘 legend 전설　mythical 전설적인　periodically 정기적으로
ash 재　phoenix 불사조
풀이 emerge는 자동사이므로 수동태로 만들 수 없다. was emerged는 emerged로 고친다.
Legend tells of a mythical bird that periodically burned itself to death and **emerged** from the ashes as a new phoenix.
정답 X

3
해석 나는 벌에 쏘여 본 적이 없다.
어휘 sting (곤충이나 식물이) 쏘다, 찌르다
풀이 경험을 나타내는 현재완료 문장이다. 현재완료 수동태는 have been p.p.이므로 I have never **been** stung by a bee.로 고친다.
정답 X

4
해석 교사들에게 강의에 사용될 교재를 편찬하도록 주어졌던 시간이 한 달 정도밖에 안 돼서 교재의 질이 떨어진다는 비난도 받고 있다.
풀이 사용될 것이고(will be used), 비판되어 온 것(have been criticized)이므로 바른 문장이다.
정답 O

5
해석 이 우스꽝스러운 규칙과 수칙들은 수년 전에 벌써 없어졌어야 했다.
어휘 ridiculous 우스꽝스러운
풀이 '없애다', '폐지하다'라는 의미의 do away with는 타동사구이므로 목적어를 취하는데 문장에는 목적어가 없다. 내용상 규칙과 수칙들이 폐지되는 것이므로 수동태로 고친다. should have p.p.+be done away with가 되는 것이므로 should have been done away with로 고친다.
These ridiculous rules and regulations **should have been done** away with years ago.
정답 X

6   **해석** 그들은 자신들이 반대자들에게 속았단 사실을 알게 되었을 때 분노했음에 틀림없다.

  어휘 madden ~을 미치게 만들다   opponent 상대, 반대자

  풀이 when they were found (that) they had been played off ~에서 목적절(that 이하)을 취하기 위해선 능동태가 되어야 하므로 when they found (that)로 고친다. must have been maddened(분노했음에 틀림없다)와 had been played off(속았다)는 바른 수동 형태이다.

  They must have been maddened when they **found** they had been played off by their opponents.

  정답 X

7   **해석** 몇몇 국가의 경제적 이윤은 개발 도상국의 희생에 의하여 발생한다고 그들은 말합니다.

  풀이 happen은 자동사이므로 수동태로 만들 수 없다. have been happened는 have happened로 고친다. 자동사로는 happen/occur(일어나다, 발생하다), emerge/appear(나타나다), disappear(사라지다), go(가다), come(오다), fall(떨어지다), jump(뛰다), run(달리다), swim(수영하다), result in/from(결과가 되다), consist of(~로 이루어지다) 등이 있다.

  They say that the economic profits of certain countries **have happened** at the expense of developing countries.

  정답 X

8   **해석** 현재 수소 연료 전지로 운행할 수 있는 버스가 도로에서 시험 운행을 하고 있다.

  어휘 operate 작동하다   hydrogen fuel cell 수소 연료 전지

  풀이 「be being p.p.」는 현재진행 수동태로 '~되는 중이다'의 의미이다.

  정답 O

9   **해석** 밀가루와 계란이 골고루 섞일 때까지 저어야 한다.

  어휘 stir 젓다

  풀이 수동태에서 부사는 be와 p.p. 사이에 쓴다.

  정답 O

10   **해석** 예전에는 불가능했던 장면들도 이제 CG 효과로 가능해졌습니다.

  풀이 「can be p.p.」는 조동사 수동태로 '~될 수 있다'의 의미이다.

  정답 O

수동태와 능동태

Must Check

수동태에서 to부정사와
완료부정사의 쓰임을 정확히
이해한다.

1. 4형식 동사의 수동태

He gave me a book. 그는 나에게 책을 주었다.

⇨ I was given a book by him.

⇨ A book was given (to) me by him.

2. 5형식 동사의 수동태

They elected Jack president. 그들은 잭을 대통령으로 선출했다.

⇨ 목적어(Jack), 목적 보어(president)를 갖춘 5형식 문장이다.

Jack was elected president by them.

⇨ 5형식을 수동태로 바꿔 2형식이 된 문장이다. 주어(Jack), 주격 보어(president)

3. 목적어가 that절인 경우의 수동태 전환

They say **that he is a liar**. 그가 거짓말쟁이라고 한다.

= **It is said that** he is a liar.
⇨ 복문 수동태

He **is said to be** a liar.
⇨ 주절과 목적절의 시제가 같은 경우 단문 수동태로 쓴다.

They say that he **was** a liar. 사람들은 그가 거짓말쟁이였다고 한다.

= **It is said that** he was a liar.
⇨ 복문 수동태

He is said **to have been** a liar.
⇨ 단문 수동태, 목적절의 시제가 주절보다 과거인 경우 완료부정사(to have p.p.)를 쓴다.

4. 자동사+전치사의 수동태

He **looks after** the baby. 그는 아기를 돌본다.

= The baby **is looked after** by him.
⇨ 전치사 after 다음에 by를 뺀 목적격만 써서는 안 된다.

5. 자동사+부사+전치사의 수동태

They **looked down on** the poor girl. 그들은 불쌍한 소녀를 무시했다.

The poor girl **was looked down** on by them.

6. 타동사+명사+전치사의 수동태

He **takes care of** the baby. 그는 아기를 돌본다.

The baby **is taken care of** by him.

문장이 옳으면 O, 옳지 않으면 X를 고르세요.

1 The poor boy was made to play the piano on the stage against his will. (O , X)

2 Somebody made a large dent in the back of my car while it parked outside the house. (O , X)

3 Traditional healers were called as witch doctors by the colonizers, who viewed their medical practices as inferior. (O , X)

4 *Two Birds*, which is said to cost ninety-five million dollars to make, was originally slated to open in September. (O , X)

5 The bank robbers were caught up with the police. (O , X)

6 Authorized centers are received training, maintenance updates, and replacement parts from the factory. (O , X)

7 Pope Benedict said embryos should be given the same dignity as a newborn or fully-grown adult. (O , X)

8 The election was called off last time and not everyone was told. (O , X)

9 The beef soup went bad when it left on the stove for so long. (O , X)

10 The victory against autocracy was won after years of struggle. (O , X)

1

해석 그 가엾은 소년은 본의 아니게 무대에서 피아노를 연주해야 했다.

어휘 against one's will 본의 아니게

풀이 사역동사 make가 수동태(was made)가 되면, 원형부정사가 아니라 to부정사가 된다.

정답 O

2

해석 차가 집 바깥에 주차되어 있을 때 누군가가 차 뒤에 크게 찌그러진 곳을 만들어 놓았다.

어휘 dent 움푹 들어간 곳

풀이 자동차(it)가 주차하는 것이 아니라 주차된 것이므로 it was parked로 고친다.
Somebody made a large dent in the back of my car while it **was parked** outside
the house.

정답 X

3

해석 전통 치료사들은 마녀 주술사로 불렸으며 식민지 개척자들은 그들의 의술을 하찮게 여겼다.

풀이 call은 5형식 동사로 「목적어(traditional healers)＋목적 보어(witch doctors)」를 취한다.
능동태 문장 We called traditional healers witch doctors.를 수동태로 전환하면 Traditional
healers were called witch doctors (by us).가 되므로 as를 삭제한다.
Traditional healers **were called witch doctors** by the colonizers, who viewed their
medical practices as inferior.

정답 X

4

해석 9,500만 달러의 제작비가 든 것으로 알려진 〈두 마리 새〉는 원래 9월에 개봉될 예정이었다.

어휘 slate [주로 수동태로 쓰며] (일정을) 계획하다

풀이 They say that *Two Birds* cost ninety-five million dollars to make를 수동태로 쓰면 *Two
Birds* is said to have cost ninety-five million dollars to make가 된다. cost는 현재, 과거,
과거분사가 같은 형태로, 이 문장에서 cost는 과거분사로 쓰였다. 따라서 to cost는 to have cost로
고친다.
Two Birds, which is said **to have cost** ninety-five million dollars to make, was
originally slated to open in September.

정답 X

5

해석 은행 강도는 경찰에 의해 잡혔다.

풀이 catch up with는 '잡다'라는 의미의 타동사구로 목적어를 취한다. 강도가 잡은 게 아니라 잡힌 것이므
로 수동태로 만들어야 한다. 능동태 The police caught up with the bank robbers.를 수동태로
바꾸면 The bank robbers were caught up with **by** the police.가 된다.
「be caught up with by＋목적격」이므로 전치사 by가 반드시 있어야 한다.

정답 X

6 **해석** 지정 서비스 센터는 공장으로부터 교육과 최신 정비 기술, 그리고 교체 부품들을 제공받습니다.

풀이 receive는 '받다'라는 의미의 타동사로 목적어를 취한다. training, maintenance updates, and replacement parts가 목적어이므로 수동태가 아닌 능동태로 고친다.
Authorized centers **receive** training, maintenance updates, and replacement parts from the factory.

정답 X

7 **해석** 베네딕트 교황은 신생아나 성인처럼 태아에게도 똑같은 존엄성이 부여되어야 한다고 말했습니다.

어휘 embryos (복수형) 태아   dignity 존엄성   newborn 신생아

풀이 give는 4형식 동사로 목적어를 두 개 취하므로 수동태가 되어도 보류 목적어를 취할 수 있다.

정답 O

8 **해석** 그 선거는 지난번에 취소되었고, 모든 사람이 그 소식을 들은 건 아니었다.

풀이 call off는 '취소하다'라는 의미의 타동사구로 목적어를 취하는데 문장 내에 목적어가 없다. 선거가 취소한 것이 아니라 취소된 것이므로 수동태로 써야 한다. tell역시 타동사인데 목적어가 없다. 모두가 들은 것이므로 수동태가 맞다.

정답 O

9 **해석** 오랫동안 스토브에 남겨져서 소고기 수프는 상했다.

풀이 go bad는 '상하다'의 의미이다. leave는 '두다', '남기다'의 의미로 타동사인데, 목적어가 없다. It(=the beef soup)이 남겨진 것이므로 수동태로 고친다.
The beef soup went bad when it **was left** on the stove for so long.

정답 X

10 **해석** 여러 해에 걸친 독재 정치에 대한 투쟁 끝에 승리가 이루어졌다.

풀이 win은 '승리하다'라는 의미의 타동사로 목적어를 취하는데, 문장 내에 목적어가 없다. 승리가 쟁취된 것이므로 수동태가 맞다.

정답 O

문장이 옳으면 O, 옳지 않으면 X를 고르세요.

1   He had been excited about buying the new car, but later he
    regretted it.   (O , X)

2   Chan-ho Park was struck out three batters to close the inning.   (O , X)

3   He dodged the question when asked his opinion about who
    should be elected President.   (O , X)

4   The uniforms will be got rid of competition among students over
    clothes.   (O , X)

5   I found out that the real estate agent had already been leased
    the condominium.   (O , X)

6   Vitamin E, which is found in wheat germ and nuts, is considered
    to be helpful as antioxidants as well.   (O , X)

7   The tower's hilltop position must have chosen largely for the
    pleasure of the view.   (O , X)

8   We are dealt with natural events, which humans cannot always
    control.   (O , X)

9   Chickens have feathers and wings so short that they can't be
    used for flying.   (O , X)

10 The Queen Mother is being remembered as a woman devoted to
    her family, her duties and to her country.   (O , X)

1　해석　그는 새 차를 샀을 때 굉장히 좋아했지만, 곧 그것을 후회했다.
　　　풀이　감정과 관련된 동사가 사람과 함께 쓰이면 수동태로 쓴다.
　　　　　　후회한 것보다 차를 사고 좋아한 것이 먼저이기 때문에 과거완료로 쓴 것이다.

2　해석　박찬호는 세 타자를 삼진으로 잡으며 그 회를 끝냈다.
　　　어휘　batter 타자
　　　풀이　three batters가 struck out의 목적어이므로 능동태로 고친다.
　　　　　　strike(현재) : struck(과거) : struck(과거분사)
　　　　　　Chan-ho Park **struck** out three batters to close the inning.

3　해석　누가 대통령에 선출되어야 하는지에 대한 의견을 부탁받았을 때 그는 대답을 회피했다.
　　　어휘　dodge 재빨리 피하다
　　　풀이　elect는 5형식 동사로 수동태가 되어도 명사를 취할 수 있는데, 이 명사는 주격 보어이다.

4　해석　교복은 학생들 사이에서 옷에 대한 경쟁심을 해소해 줄 것이다.
　　　풀이　get rid of는 타동사구로 목적어를 취한다. 이 문장에서 competition(경쟁심)이 목적어이므로 수동태가
　　　　　　아닌 능동태로 고친다.
　　　　　　The uniforms **will get rid of** competition among students over clothes.

5　해석　나는 부동산에서 이미 아파트를 임대했다는 것을 알았다.
　　　어휘　estate agent 부동산 중개인　　lease (부동산을) 임대하다　　condominium 아파트
　　　풀이　lease는 타동사로 목적어를 취하려면 능동태가 되어야 한다. the condominium이 목적어이므로
　　　　　　had already leased로 고친다.
　　　　　　I found out that the real estate agent **had already leased** the condominium.

6 **해석** 맥아와 견과류에 함유된 비타민 E 역시 항산화제로서 도움이 되는 것으로 여겨집니다.

어휘 as well 역시, 또한

풀이 「be considered to+동사원형」은 '~할 것으로 간주되다'라는 뜻이다.

7 **해석** 언덕 꼭대기에 위치한 탑은 주로 시각적인 즐거움을 위해서 선택된 것이 틀림없었다.

풀이 choose의 목적어가 없다. 위치가 선택한 것이 아니라 선택된 것이므로 수동태로 고친다.
The tower's hilltop position **must have been chosen** largely for the pleasure of the view.

8 **해석** 우리는 자연 현상에 대처하고 있지만, 인간이 언제나 통제할 수 있는 것은 아니다.

풀이 deal with는 타동사구로 목적어를 취한다. 이 문장에서 natural events(자연 현상)가 목적어이므로 수동태가 아닌 능동태로 고친다.
We **deal with** natural events, which humans cannot always control.

9 **해석** 닭의 깃털과 날개는 너무 짧아서 나는 데 사용될 수가 없다.

어휘 feather 깃털

풀이 they는 wings를 가리키며, 날개가 사용되는 것이므로 바른 문장이다.

10 **해석** 황태후는 가족과 자신의 의무, 그리고 국가에 충실한 여성으로 기억되고 있습니다.

풀이 「be being p.p.」는 진행 수동태로 '~되는 중이다'의 의미이다. 황태후가 기억하는 것이 아니라 기억되는 것이므로 수동태가 맞다.

정답

1. O   2. X   3. O   4. X   5. X   6. O   7. X   8. X   9. O   10. O

Chapter 10 명사(1)

 **Units**

단수와 복수

Unit 37

단수 표현	each every single one a
복수 표현	both two many several various (a) few

e.g.

On the table there were **many dishes**.
테이블 위에 많은 음식들이 있었다.

The lab assistant finished **every test**.
연구실 조교가 모든 연구를 끝냈다.

Several threads are intertwined and can't be undone.
여러 가닥의 실이 뒤얽혀 풀리지 않는다.

They are a very hospitable couple to **both friends and strangers**.
그들은 친구들과 낯선 사람들을 극진히 환대하는 부부이다.

Example

(A) The latest census report (B) reveals that the city has
(C) less inhabitants in 1980 (D) than in 1990.

해석 최근의 인구조사 보고서에 의하면 그 도시는 1990년보다 1980년에 인구가 적었다.
풀이 복수 명사 inhabitants의 앞은 양이 아닌 수 형용사를 써야 하므로 less를 fewer로 고친다.
정답 (C)

☝ Must Check

단수, 복수 표현 뒤의 명사와
동사의 수를 확인한다.

Exercise 문장이 옳으면 O, 옳지 않으면 X를 고르세요.

1 I have been fortunate enough to visit many parts of the world as a lecturer. (O , X)

2 Rescuers used every available mean to find survivors under the collapsed building. (O , X)

3 Various food scares have resulted in the multiple retailers requiring assurance of food safety throughout the food chain. (O , X)

4 They found it difficult to believe that both of the party work together. (O , X)

5 Since 1992, the warmest temperatures have been recorded on the earth each years. (O , X)

6 Not a single people fails to stare as the little red bolide passes by. (O , X)

7 One tundra ecosystem is the Arctic Coastal Plain, where many animals have their homes. (O , X)

8 Two of the stars in the cup of the Big Dipper help to find the North Star and Arcturus. (O , X)

9 When the first bill was defeated, the Senate immediately began work on a different bills. (O , X)

10 There are several countervailing idea on why homelessness is so prevalent in our society. (O , X)

1
해석 나는 운이 좋아서 강연을 하며 세계 여러 곳을 다닐 기회가 있었다.
풀이 「many+복수 명사」가 쓰인 바른 문장이다.
정답 O

2
해석 구조 대원들은 붕괴된 건물 밑에 깔린 생존자를 찾아내기 위해 가능한 모든 수단을 사용했다.
어휘 rescuer 구조자, 구출자   collapsed 붕괴된
풀이 every는 단수 명사를 수식하는데, '수단', '방법'이라는 의미인 means로 고친다. mean은 '중용'이라는 의미이다.
Rescuers used every available **means** to find survivors under the collapsed building.
정답 X

3
해석 가지각색의 식품 불안 때문에 다수의 소매상들이 식품 체인점 전 부문의 안전 보장을 요구하게 되었다.
어휘 resulted in ~ 결과를 낳다   multiple 다양한   retailer 소매상   assurance 장담
풀이 「various+복수 명사(scares)」가 쓰인 바른 문장이다.
정답 O

4
해석 그들은 양당이 협력하는 것이 믿기 힘들다는 것을 알았다.
어휘 party 정당
풀이 both는 복수 명사를 취하므로 「both of the+복수 명사」로 고친다.
They found it difficult to believe that both of the **parties** work together.
정답 X

5
해석 1992년 이래로, 매년 지구의 최고 기온이 기록되고 있다.
어휘 temperature 기온
풀이 「each+단수 명사」이므로 each years를 each year로 고친다.
Since 1992, the warmest temperatures have been recorded on the earth **each year**.
정답 X

6 **해석** 그 작은 붉은 폭발 유성이 지나갈 때 단 사람도 그걸 못 보고 지나칠 수 없다.

어휘 stare 응시하다   bolide 폭발 유성   pass by 지나가다

풀이 「single+단수 명사」이므로 people을 단수 명사 person으로 고친다.
Not a single **person** fails to stare as the little red bolide passes by.

정답 X

7 **해석** 툰드라 생태계의 하나로 북극해 연안 평지가 있는데, 그곳에 많은 동물들의 서식지가 있다.

어휘 the Arctic Coastal Plain 북극해 연안 평지

풀이 「one+단수 명사(ecosystem)」로 바른 문장이다.

정답 O

8 **해석** 북두칠성의 잔 모양에 있는 두 개의 별은 북극성과 대각성을 찾는 데 도움을 준다.

어휘 the Big Dipper 북두칠성(= the North Star)   Arcturus 아르크투루스, 대각성(목동자리의 가장 큰 별)

풀이 「two of the+복수 명사(stars)」로 쓰인 바른 문장이다.

정답 O

9 **해석** 첫 번째 법안이 부결되었을 때, 상원은 즉각 다른 법안에 착수했다.

어휘 defeat 물리치다, 무산시키다   the Senate 상원

풀이 부정관사 a는 가산 명사의 단수형만을 취하므로 bills를 bill로 고친다.
When the first bill was defeated, the Senate immediately began work on a different **bill**.

정답 X

10 **해석** 우리 사회에 만연한 노숙자의 원인에 대해서 여러 가지 대응 방안이 있다.

어휘 prevalent 만연한   countervailing 대항력 있는

풀이 「several+복수 명사(ideas)」가 되어야 한다.
There are several countervailing **ideas** on why homelessness is so prevalent in our society.

정답 X

셀 수 있는 명사와 없는 명사

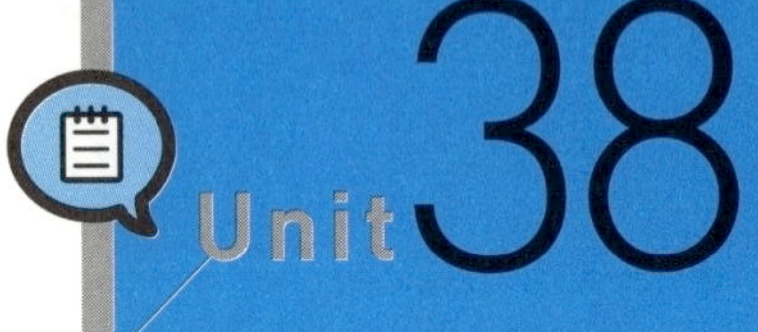

Must Check

명사 앞의 수량 형용사와 동사의 수를 확인한다.

셀 수 있고 없는 명사의 키워드	
셀 수 있는 명사에서 (가산 명사)	many / number / few / fewer / a good many / a great many / not a few / quite a few
셀 수 없는 명사에서 (불가산 명사)	much / amount / little / less / a good deal of / a great deal of / an (great) amount of

e.g.

He has seen **many foreign films**.
그는 많은 외국 영화를 봤다.

He didn't have **much fun** at the movies.
그는 영화에서 많은 재미를 느끼지 못했다.

Example

There were ______________ people laughing and talking.

(A) a great many   (B) many a good
(C) a great deal of   (D) many a

해석 웃고 얘기하는 사람들이 많았다.

풀이 people이 복수이므로 수(數)를 나타나는 형용사로 수식해야 한다.

정답 (A)

문장이 옳으면 O, 옳지 않으면 X를 고르세요.

1   We receive little notice that disabled people here are very
    protective of their time, efforts, and energy.   (O , X)

2   Even with the heavy defense, the home side had a few
    opportunities to take shots at the Korean net.   (O , X)

3   Although there were more people than expected, the event was
    successful and was carried off with very few problem.   (O , X)

4   Located here in the heart of Washington, D.C., the house is best
    known for its elegant furnitures and paintings.   (O , X)

5   She spent too much money on her clothes last month, therefore
    she would be in low water this month.   (O , X)

6   We want to make the system simpler, easier to understand and
    less trouble for pensioners.   (O , X)

7   There are much new items to purchase before leaving, but there
    is such a short amount of time.   (O , X)

8   The less time you take on the assignment, the less pages you
    will complete.   (O , X)

9   The flight took almost half the day, but little time was lost
    because they crossed several time zones.   (O , X)

10 It is better to go shopping in the late evening because there are
    less people in the market.   (O , X)

1 **해석** 우리는 불구가 된 사람들이 그들의 시간과 노력, 그리고 에너지를 매우 소중히 여긴다는 것에 대한 내용을 거의 알지 못한다.
  풀이 notice는 불가산 명사이므로 little로 수식하는 것이 맞다.
  정답 O

2 **해석** 격렬한 수비에도, 그 상대 팀은 한국의 골대를 뚫을 기회가 조금은 있었다.
  풀이 「(a) few + 가산 명사의 복수형」이므로 바른 문장이다.
  정답 O

3 **해석** 기대했던 것보다 많은 사람들이 왔지만 행사는 성공적이었고 문제도 거의 없이 진행되었다.
  어휘 carry off 해내다
  풀이 「(a) few+가산 명사의 복수형」이므로 problem을 복수형 problems로 고친다.
  Although there were more people than expected, the event was successful and was carried off with very few **problems**.
  정답 X

4 **해석** 이곳 워싱턴 D.C. 중심부에 위치한 이 집은 우아한 가구와 그림들로 잘 알려져 있습니다.
  풀이 furniture는 불가산 명사이므로 복수형이 없다. 그러나 paintings는 가산 명사이므로 복수형이 가능하다.
  Located here in the heart of Washington, D.C., the house is best known for its elegant **furniture** and paintings.
  정답 X

5 **해석** 그녀는 지난달 옷을 사는데 너무 많은 돈을 썼기 때문에 이번 달에는 돈에 쪼들릴 것이다.
  어휘 in low water 썰물인, 돈에 쪼들려, 의기소침하여
  풀이 money는 불가산 명사이므로 much로 수식한다.
  정답 O

6 **해석** 우리는 연금 수령자들에게 이 시스템이 더 간편하고, 더 이해하기 쉽고, 그리고 문제가 덜하길 원한다.

어휘 pensioner 연금 수령자

풀이 trouble은 불가산 명사이므로 less로 수식한다.

정답 O

7 **해석** 떠나기 전 구입해야 할 물품들이 많은데, 시간이 별로 없다.

풀이 items는 가산 명사이므로 many로 수식한다.

There are **many** new items to purchase before leaving, but there is such a short amount of time.

정답 X

8 **해석** 과제물에 시간을 덜 할애할수록 완성하는 페이지의 수는 적어질 것이다.

풀이 time은 불가산 명사이므로 앞에 little의 비교급 less가 오는 것이 맞지만, pages는 가산 명사이므로 앞에 few의 비교급 fewer를 써야 한다.

The less time you take on the assignment, the **fewer** pages you will complete.

정답 X

9 **해석** 거의 반나절 동안 비행기를 탔지만 여러 표준 시간대를 넘어갔기 때문에 시간 손실은 거의 없었다.

어휘 time zones 시간대

풀이 time은 불가산 명사이므로 less로, zones는 가산 명사이므로 several로 수식한 바른 문장이다.

정답 O

10 **해석** 마켓에 사람들이 별로 없으므로, 늦은 저녁에 쇼핑을 가는 것이 더 낫다.

풀이 people은 가산 명사이므로 few의 비교급 fewer로 고친다.

It is better to go shopping in the late evening because there are **fewer** people in the market.

정답 X

불규칙 명사

Unit 39

모음의 변화	man/men, foot/feet, goose/geese, woman/women, tooth/teeth
-en으로 끝나는 명사	child/children, ox/oxen
단·복수 동일	deer, sheep, swine, fish, salmon, trout, Chinese, Japanese, species, series, means, percent
-is ⇨ -es	analysis/analyses, diagnosis/diagnoses, synthesis/syntheses, axis/axes, hypothesis/hypotheses, thesis/theses, crisis/crises, parenthesis/parentheses
-a로 끝나는 명사	bacterium/bacteria, datum/data, criterion/criteria, curriculum/curricula, phenomenon/phenomena
-us ⇨ -i	alumnus/alumni, fungus/fungi, stimulus/stimuli, bacillus/bacilli, nucleus/nuclei, syllabus/syllabi, cactus/cacti, radius/radii

☼ Must Check

불규칙 명사들의 단수,
복수형을 반드시 암기한다.

e.g.

An international crisis has threatened **many staffers**.
국제적인 위기는 많은 직원들을 위협했다.

Different **criteria** were used to evaluate the performers.
그 연주자들을 평가하는 데 다른 기준들이 사용되었다.

These **alumnus** have been the pride of our school.
이 동문들은 우리 학교의 자부심이 되어 왔다.

Example

Wolves are the classic illustration of (A) species that defends a group territory. (B) The average wolf pack is (C) an extended family of from five to eight individuals with a territory of (D) a few hundred square kilometers.

해석 늑대는 집단의 영역을 방어하는 종의 전형적인 예이다. 평균적인 늑대 무리는 몇 백 평방 킬로미터의 영역을 가진 다섯 마리 내지 여덟 마리로 이루어진 대가족이다.

풀이 species → a species : species는 -s로 끝나지만 단·복수 동형이다. 따라서 부정관사 a가 없으면 species는 복수형으로 여겨지는데, depends로 단수 일치 동사가 왔으므로 단수형임을 나타내 주는 부정관사가 반드시 쓰여야 한다.

정답 (A)

문장이 옳으면 O, 옳지 않으면 X를 고르세요.

1 Geese often fly in a V-shaped formation. (O , X)

2 Parenthesis are needed around that expression. (O , X)

3 The syllabi prescribes precisely which books should be studied. (O , X)

4 The diagnosis that he heard today were not very negative. (O , X)

5 The crisis we face as a family end up bringing us closer together. (O , X)

6 All of the alumni are to attend the reception at the principal's
house. (O , X)

7 The data is derived from detailed examinations of consumer
behavior and historical trend analysis. (O , X)

8 The phenomena of teen Internet addiction has risen above the
dangerous level. (O , X)

9 The bacteria that causes cholera grows quickly in water. (O , X)

10 The children in North Korea were brainwashed with this
curriculum that is full of hate and hostility toward the other. (O , X)

1
해석 거위들은 때때로 V자 대형으로 난다.
풀이 Geese는 Goose의 복수형이다.
정답 O

2
해석 그 표현에는 삽입 어구가 필요하다.
어휘 parenthesis 삽입 어구
풀이 Parenthesis는 단수형이므로 동사를 is로 고치거나, Parentheses are로 고쳐야 한다.
Parenthesis **is** needed around that expression.
Parentheses are needed around that expression.
정답 X

3
해석 교수요목은 공부할 책들을 정확히 규정하고 있다.
어휘 syllabus 교수요목   prescribe 규정하다
풀이 syllabi는 syllabus의 복수형이므로 **The syllabi prescribe** 또는 **The syllabus prescribes**로
고친다.
정답 X

4
해석 그가 오늘 들은 진단은 그리 부정적이지 않았다.
풀이 diagnosis는 단수형이므로 동사는 was로 고친다.
The diagnosis that he heard today **was** not very negative.
정답 X

5
해석 우리 집에 닥친 위기는 오히려 가족들을 하나로 묶어 주는 역할을 한다.
어휘 end up -ing 결국 ～이 되다
풀이 crisis는 단수형이므로 동사는 ends로 고친다.
The crisis we face as a family **ends** up bringing us closer together.
정답 X

6   **해석** 졸업생들 모두가 교장 선생님 댁에서의 축하 연회에 참석할 예정이다.

    어휘 alumni 졸업생들   principal 교장

    풀이 alumni는 복수형이다. All은 부분사로 of 뒤의 명사에 동사의 수를 일치시킨다.

    정답 O

7   **해석** 이 자료는 고객 행동에 대한 구체적인 조사 자료와 과거부터 지금까지의 경향 분석을 통해 얻어진 것이다.

    어휘 derive from ~에서 유래하다

    풀이 data는 datum의 복수형이다. 따라서 **The data are derived** 또는 **The datum is derived**로
고친다.

    정답 X

8   **해석** 청소년들의 인터넷 중독 현상이 위험 수위를 넘어섰다.

    어휘 phenomenon 현상

    풀이 phenomena는 phenomenon의 복수형이므로
The **phenomenon** of teen Internet addiction **has** risen이나
The **phenomena** of teen Internet addiction **have** risen으로 고친다.

    정답 X

9   **해석** 콜레라를 유발하는 박테리아는 물속에서 급속히 증가한다.

    풀이 bacteria는 bacterium의 복수형으로
The **bacterium** that **causes** cholera **grows** quickly in water.나
The **bacteria** that **cause** cholera **grow** quickly in water.로 고친다.

    정답 X

10 **해석** 북한의 어린이들은 다른 나라에 대한 증오와 적대감으로 가득 찬 교과 과정으로 세뇌당한다.

    어휘 brainwash 세뇌시키다   be full of ~으로 가득 찬

    풀이 curriculum은 단수 명사므로 바른 문장이다.

    정답 O

사람	사물
actor (배우)	acting (연기)
agent (대리인)	agency (대행사)
authorizer (인가자)	authorization (허가)
accountant (회계사)	accounting (회계)
economist (경제학자)	economics (경제학)
engineer (기술자)	engineering (공학)
cook (요리사)	cooker (조리기구)
critic (비평가)	criticism (비평)
nurse (간호사)	nursing (간호업)
poet (시인)	poem (시)
sculptor (조각가)	sculpture (조각)
statistician (통계학자)	statistic (통계)

e.g.

Ralph Nadar is an **authorization**(X) / **authorizer**(O) in the field of consumer affairs.

랄프 나다르는 소비자 협회의 허가자이다.

There are many job opportunities in **accountant**(X) / **accounting**(O).

회계 분야에 많은 직업의 기회가 있다.

Must Check

사람을 나타내는 명사인지,
사물을 나타내는 명사인지를
확인한다.

Example

A great (A) engineer triumph (B) was the (C) completion of the Harbor Bridge (D) in 1883.

해석 한 위대한 공학적 위업은 1883년에 하버 다리가 완공된 것이다.

풀이 engineer는 '공학자', '기술자'의 뜻이고, engineering은 '공학', '기술'의 뜻이다.
여기서 triumph와 복합 명사를 이루기에 의미적으로 적절한 앞 명사는 engineering
이다. 한 사람만의 공적이 아니기 때문이다.

정답 (C)

문장이 옳으면 O, 옳지 않으면 X를 고르세요.

1   Laura is a teacher and musician, a good cook and a kind person. (O , X)

2   His poets are sprinkled with quotations from ancient Greek. (O , X)

3   He is a talented sculptor who is recognized nationally for his exceptional attention to detail. (O , X)

4   Jun has received several awards for his research in engineer. (O , X)

5   They wouldn't believe an economist's forecast if his tongue came notarized. (O , X)

6   She must have remarkable looks to work as a model for Vogue. (O , X)

7   Jane did endure and shattered all the criticism that undermined her writing. (O , X)

8   The nurse program of the university is turning out excellent students. (O , X)

9   Strict and proper accountant rules ought to be audited and informed. (O , X)

10   Though he was the supporting actor, he captured the audience with his fine acting. (O , X)

1 해석 로라는 선생님이고 음악가이며 좋은 요리사이며 친절한 사람이다.
풀이 cook(요리사)은 사람을 지칭하는 명사이다.
정답 O

2 해석 그의 시 속에는 고대 그리스 어에서 따온 인용구가 간간이 섞여 있다.
어휘 quotation 인용구
풀이 poets(시인)는 사람을 칭하는 명사이다. 그러므로 poems(시)로 고친다.
His **poems** are sprinkled with quotations from ancient Greek.
정답 X

3 해석 그는 국내에서 세부 묘사에 특히 충실한 것으로 알려진 재능 있는 조각가입니다.
어휘 talented 재능 있는   exceptional 특출한
풀이 sculptor(조각가)는 사람을 지칭하는 명사이다.
정답 O

4 해석 준은 공학 부문의 연구에서 몇 개의 상을 받았다.
풀이 engineer(기술자)는 사람을 칭하는 명사이므로 engineering(공학)으로 고친다.
Jun has received several awards for his research in **engineering**.
정답 X

5 해석 그들은 경제학자의 말이 공인되었더라도 예측을 신뢰하지 않을 것이다.
어휘 tongue 혀, 말   come notarized 공인되다
풀이 economist(경제학자)는 사람을 지칭하는 명사이다.
정답 O

6 **해석** 그녀는 보그 잡지의 모델로 일할 수 있는 뛰어난 외모를 가지고 있다.

풀이 looks는 복수형으로 '(특히 매력적인) 외모', '매력'을 의미한다.

정답 O

7 **해석** 제인은 진정 인내했고, 그녀의 저술을 격하하는 비평을 모두 물리쳤다.

어휘 do endure 견디다   shatter 부수다

풀이 criticism(비판)은 사람을 지칭하는 명사가 아니다.

정답 O

8 **해석** 그 대학의 간호 프로그램은 우수한 학생들을 배출하고 있다.

풀이 nurse(간호사)는 사람을 칭하는 명사이므로 nursing(간호)으로 고쳐야 한다.

The **nursing** program of the university is turning out excellent students.

정답 X

9 **해석** 엄격하고 올바른 회계 원칙을 알리고 회계 감사를 실시해야 한다.

풀이 accountant(회계사)는 사람을 칭하는 명사이므로 accounting(회계)으로 고쳐야 한다.

Strict and proper **accounting** rules ought to be audited and informed.

정답 X

10 **해석** 그는 조연임에도 불구하고 감칠맛 나는 연기로 관객을 사로잡았다.

풀이 actor(배우)는 사람을 지칭하는 명사이다.

정답 O

문장이 옳으면 O, 옳지 않으면 X를 고르세요.

1 Trench warfare was one of the main reasons so many men died.　(O , X)

2 His thesis includes an analyses of the hypotheses.　(O , X)

3 Various U.S. sanctions against Iran have been in place for years.　(O , X)

4 This was the main reason he wanted to become a musical so
   badly.　(O , X)

5 For the party, the host prepared a large amount of food to serve
   a large number of people.　(O , X)

6 I know that teenagers just graduating from high school don't
   have many job opportunities.　(O , X)

7 Each governments are working diligently towards maintaining
   real peace throughout the world.　(O , X)

8 The stimulus for the national work was the extensive media
   coverage of the events that took place in America on 11
   September 2001.　(O , X)

9 Series of minor explosions in and around Athens in recent
   weeks increasing concerns about Olympic security.　(O , X)

10 The television producer that was shown last night on the BBC
   network was one of the best documentaries of the season.　(O , X)

1   **해석**   참호전은 많은 병사를 죽음으로 몰아넣은 주요한 원인 중 하나였다.
      어휘   trench warfare 참호전
      풀이   many 다음에는 복수 명사가 온다.

2   **해석**   그의 논문은 가설의 분석을 포함하고 있다.
      어휘   thesis 학위, 논문   analysis 분석   hypothesis 가설
      풀이   -is로 끝나는 thesis, analysis, hypothesis는 모두 단수 명사이다. analyses를 analysis로
             고친다.
             His thesis includes **an analysis** of the hypotheses.

3   **해석**   이란에 가해진 미국의 다양한 제재가 몇 년 동안 진행되고 있다.
      어휘   sanctions 제재
      풀이   various+복수 명사로 바른 문장이다.

4   **해석**   이것이 바로 그가 음악가가 되길 그토록 간절히 원했던 주된 이유였다.
      풀이   사람이 뮤지컬이 될 수는 없다. musical을 musician(음악인)으로 고친다.
             This was the main reason he wanted to become a **musician** so badly.

5   **해석**   파티를 위하여, 주인은 많은 수의 사람들을 위해서 많은 양의 음식을 준비했다.
      풀이   「a large amount of+불가산 명사(food)」, 「a large number of+가산 명사(people)」로 바른 문
             장이다.

6 **해석** 막 고등학교를 졸업한 10대들은 구직 기회가 많이 주어지지 않는 것을 나는 알고 있다.

  풀이 「many+복수 명사(opportunities)」로 바른 문장이다.

7 **해석** 각국 정부는 전 세계의 진정한 평화를 유지하기 위해 부지런히 일하고 있다.

  풀이 each는 항상 「each+단수 명사+단수 동사」의 형태로 쓰인다.

  Each government is working diligently towards maintaining real peace throughout the world.

8 **해석** 국가사업의 자극은 2001년 9월 11일 미국에서 발생한 사건을 옹호하기 위한 광범위한 매스컴의 보도였다.

  어휘 a national work 국가사업   media coverage   (특정 사건에 대한) 매스컴의 보도

  풀이 stimulus는 단수형이므로 단수 동사(was)를 써야 한다.

9 **해석** 최근 몇 주 동안 아테네 시와 주변 지역에서 잇달아 발생한 소규모 폭발 사건들은 올림픽 안전에 대한 우려를 증폭시키고 있다.

  풀이 series는 단수와 복수의 형태가 같은 가산 명사이다. 동사가 concerns인 것으로 보아 단수이므로 부정관사 A와 함께 A series로 고친다.

  A series of minor explosions in and around Athens in recent weeks increasing concerns about Olympic security.

10 **해석** 지난밤 BBC 방송국에서 방송된 TV 프로그램은 시즌 최고의 다큐멘터리 중 하나였다.

   풀이 producer는 '연출가(사람)'를 뜻하는 단어이다. TV 프로그램의 의미인 The television product로 고친다.

   The television **product** that was shown last night on the BBC network was one of the best documentaries of the season.

 정답

1. O   2. X   3. O   4. X   5. O   6. O   7. X   8. O   9. X   10. X

Chapter 11 명사 (2)

격

Unit 41

주격	소유격	목적격	소유대명사	재귀대명사
I	my	me	mine	myself
you	your	you	yours	yourself
he	his	him	his	himself
she	her	her	hers	herself
it	its	it	–	itself
we	our	us	ours	ourselves
they	their	them	theirs	themselves

e.g.

Sally gave it to **John**.
샐리가 존에게 그것을 주었다.

⇨ Sally gave it to **him**.
그녀가 그에게 그것을 주었다.

They rent me **their book**.
그들은 나에게 그들의 책을 빌려 주었다.

⇨ They rent me **theirs**.
그들은 나에게 그들의 것(책)을 빌려 주었다.

주어 자리 확인

Him and the girl are going shopping. (X)
He and the girl are going shopping. (O)
그와 그 소녀가 쇼핑을 갈 것이다.

목적어 자리 확인

Could you give me your? (X)
Could you give me yours? (O)
당신의 것을 주시겠습니까?

The gift was intended for you and I. (X)
The gift was intended for you and me.(O)
선물은 당신과 나를 위한 것이었다.

Must Check

주어/보어/목적어 자리의
대명사의 격을 확인한다.

Example

This report of ______________ is very well written.

(A) her

(B) him

(C) yours

(D) my

해석 너의 이 리포트는 아주 잘 쓰였다.

풀이 명사 앞에 소유격과 지시형용사나 관사 등의 한정사가 같이 나올 때 「한정사+명사+소유대명사」의 형태가 된다.

정답 **(A)**

문장이 옳으면 O, 옳지 않으면 X를 고르세요.

1 I did not know that you and he were working together on the project.　　(O , X)

2 They saw Paul and I at the movies last night after work.　　(O , X)

3 Before the report is finalized, the information in their notes and our must be proofed.　　(O , X)

4 The cords connecting the computer to its printer need to be replaced before they wear down.　　(O , X)

5 He is going to the party with you and I if you do not mind.　　(O , X)

6 The fault was only her but she kept on laying the blame on the wrong shoulder.　　(O , X)

7 Theirs is a very insular culture, protected as it is from outside influences.　　(O , X)

8 The reason I hang out with the most supercilious girl in town is that I like the younger sister of her who is quite nice to me.　　(O , X)

9 All her secretaries were working late yesterday to finish her report.　　(O , X)

10 A friend of me is having his birthday party that night at the new Mexican restaurant around the corner.　　(O , X)

1
해석 당신이 그와 함께 그 프로젝트를 위해 일했던 것을 나는 몰랐다.
풀이 you and he가 that절의 주어인 바른 문장이다.
정답 O

2
해석 그들은 폴과 내가 퇴근 후 영화관에 있는 것을 보았다.
풀이 타동사 saw의 목적어는 목적격이므로 I가 아닌 me로 고친다.
They saw Paul and **me** at the movies last night after work.
정답 X

3
해석 그 보고서가 끝나기 전에, 그들의 노트와 우리의 것(노트)에 있는 정보가 승인되어야만 한다.
풀이 their notes and our (notes) must be proofed에서 중복되는 명사 notes 대신 소유대명사
ours로 고친다.
Before the report is finalized, the information in their notes and **ours** must be
proofed.
정답 X

4
해석 컴퓨터를 프린터에 연결하는 전선들은 그것들이 닳기 전에 교체될 필요가 있다.
풀이 its printer에서 its는 computer를 가리키고 있으며, they wear down에서 they는 cords를 가
리키고 있는 바른 문장이다.
정답 O

5
해석 만일 당신이 꺼리지 않는다면, 그는 파티에 당신과 나와 함께 갈 것이다.
풀이 전치사 with의 목적어이므로 목적격 me로 고친다.
He is going to the party with you and **me** if you do not mind.
정답 X

6   **해석** 그 실수는 전적으로 그녀의 잘못이었는데, 그녀는 계속해서 책임이 없는 사람에게 책임을 돌렸다.

    풀이 her는 소유격으로 반드시 명사를 취해야 한다. her fault라고 쓰면 같은 명사(fault)가 반복되므로 소유대명사로 쓴다.

    The fault was only **hers**(=her fault) but she kept on laying the blame on the wrong shoulder.

    정답 X

7   **해석** 그들의 문화는 외부의 영향으로부터 보호받아 온, 고립된 문화였다.

    풀이 여기서 Theirs는 Their culture의 소유대명사 형태이다.

    정답 O

8   **해석** 내가 우리 동네에서 가장 거만한 소녀와 만나는 이유는 내게 잘해 주는 그녀의 여동생을 좋아하기 때문이다.

    풀이 「한정사+명사+of+소유대명사의 형태(the younger sister of hers)」로 고친다.

    I like **the younger sister of hers** who is quite nice to me.

    정답 X

9   **해석** 모든 그녀의 비서들은 모두 그녀의 보고서를 끝내기 위하여 밤 늦게까지 일했다.

    풀이 그녀의 보고서를 끝내기 위해서 그녀의 비서들이 밤 늦게까지 일한 것이다.

    정답 O

10   **해석** 내 친구 하나가 토요일 저녁에 모퉁이에 있는 새로 연 멕시코 음식점에서 생일 파티를 열 것이다.

    풀이 「한정사+명사+of+소유대명사의 형태(A friend of mine)」로 고친다.

    A friend of **mine** is having his birthday party that night at the new Mexican restaurant around the corner.

    정답 X

1. 대명사 수의 일치에 주의한다.

2. 단수 형태의 대명사를 암기한다.

e.g.

The boys will cause trouble if you let **him**(X) / **them**(O).
만일 당신이 놔둔다면 그 소년들은 문제를 일으킬 것이다.

Every **man has his** own fault. (O)

Every **men have their** own fault. (X)
모든 이는 약점이 있다.

Example

Plants turn _______________ into food using sunlight and something called chlorophyll.

(A) one

(B) it

(C) they

(D) them

해석 식물은 햇빛과 엽록소라는 물질을 이용해 물과 이산화탄소를 먹을 것으로 변화시킨다.

풀이 sunlight and something을 음식으로 바꾸는 것이므로 sunlight and something은 them으로 받는다.

정답 (D)

1 Each person has his good and bad points.   (O , X)

2 Some friends and I read the novel which their teacher recommended, and afterwards we wrote a critique about them.   (O , X)

3 According to Duke, at least 20% of addictive gamblers attempt suicide and about two-thirds of them consider them.   (O , X)

4 The garment was okay when I bought it, but after I washed it, it developed puckers.   (O , X)

5 Every American has their own version of what freedom and liberty is.   (O , X)

6 All candidates interested in applying for more than one position must fill out two separate application forms, and return it to their respective departments.   (O , X)

7 In spite of its small size, these DVD players produce excellent clarity.   (O , X)

8 Whatever the situation may be, you should reflect profoundly about it before coming to a decision.   (O , X)

9 The people I admire most are those who manage to solve their own problems.   (O , X)

10 She did not buy the table because it had a small scratch on them.   (O , X)

1

해석 사람은 저마다 장단점을 가지고 있다.

풀이 「each + 명사」는 단수 취급하므로 대명사 역시 단수로 받는다.

정답 O

2

해석 친구들과 나는 우리 선생님이 추천하신 소설을 읽었고, 그리고 나중에 우리는 그것에 관하여 평을 했다.

어휘 critique 평론

풀이 their teacher에서 their가 누구를 언급하는지 알 수 없다. 내용상 Some friends and I를 대신할 수 있는 our teacher, 평판의 대상 역시 novel을 가리키므로 단수 it으로 고친다.

Some friends and I read the novel which **our** teacher recommended, and afterwards we wrote a critique about **it**.

정답 X(정답 두 개)

3

해석 듀크의 말에 따르면, 도박 중독자들 가운데 적어도 20%가 자살을 기도하고 2/3가 자살을 생각한다고 합니다.

어휘 suicide 자살

풀이 consider의 대상은 suicide(단수)이므로 단수 it으로 고친다.

According to Duke, at least 20% of addictive gamblers attempt suicide and about two-thirds of them consider **it**.

정답 X

4

해석 옷이 살 때는 괜찮았는데 세탁을 했더니 심하게 울었다.

어휘 garment 의복   pucker 잔주름이 잡히다

풀이 여기서 대명사 it은 모두 garment를 가리킨다.

정답 O

5

해석 모든 미국인들은 그들만의 자유에 대한 이념과 생각이 있다.

풀이 「every+명사」 역시 단수 취급하므로 대명사 역시 단수로 받는다. 따라서 their가 아니라 his로 고친다.

Every American has **his** own version of what freedom and liberty is.

정답 X

6 **해석** 한 가지 이상의 직책에 지원하고자 하는 모든 지원자는 두 개의 지원서를 따로 작성하여 각각의 해당 부서에 제출해야 한다.

풀이 return it에서 it은 two separate application forms를 가리키므로 복수형 them으로 고친다.
All candidates interested in applying for more than one position must fill out two separate application forms, and return **them** to their respective departments.

정답 X

7 **해석** 작은 크기에도 불구하고, 이 DVD 플레이어는 훌륭한 화질을 보여 준다.

어휘 clarity 명료성

풀이 its small size에서 its가 가리키는 것은 these DVD players이므로 their로 고친다.
In spite of **their** small size, these DVD players produce excellent clarity.

정답 X

8 **해석** 상황이 어떻든지 간에, 당신은 결정하기 전에 그것(=상황)을 심오하게 반영해야 한다.

어휘 profoundly 심오하게

풀이 여기서 대명사 it은 the situation을 가리킨다.

정답 O

9 **해석** 내가 가장 존경하는 사람들은 어떻게 해서든지 자신들의 문제를 해결하려는 사람들이다.

풀이 여기서 대명사 their는 The people을 가리킨다.

정답 O

10 **해석** 그녀는 테이블에 흠집이 있었기 때문에 구입하지 않았다.

풀이 흠집이 난 곳은 table이므로 단수 it으로 고친다.
She did not buy the table because it had a small scratch on it.

정답 X

문장이 옳으면 O, 옳지 않으면 X를 고르세요.

1. The engineer was fired by the chemical company because he refused to work with certain dangerous chemicals.　　(O , X)

2. The essential difference between Sara and I is in our attitude to money.　　(O , X)

3. Carefully read, mark, learn, and inwardly digest and all the information will become your.　　(O , X)

4. The administration will not install the new security system because they cost so much.　　(O , X)

5. People do not know the blessing of health until they lose it.　　(O , X)

6. Helicopters are being used more and more in emergency situations because of its ability to reach out-of-the-way places.　　(O , X)

7. People were supposed to serve them at our restaurant; it was my job to circulate through the room and refill coffee and juice.　　(O , X)

8. Tom has never deliberately scarred another human being besides him.　　(O , X)

9. Very often a business finds itself selling to a completely different set of customers than when it started out.　　(O , X)

10. They have released more than 1,300 crocodiles into the Orinoco and it's tributaries since 1990.　　(O , X)

1   해석   특정 위험 화학 물질을 다루는 일을 거절했기 때문에 그 기술자는 화학 회사에 의해서 해고되었다.
     풀이   여기서 대명사 he는 The engineer를 가리킨다.

2   해석   사라와 나 사이의 근본적인 차이는 돈에 대한 태도이다.
     풀이   전치사는 목적어를 취하기 때문에 대명사 역시 목적격이 되어야 한다. between Sara and me로 고친다.
        The essential difference between Sara and **me** is in our attitude to money.

3   해석   주의 깊게 읽고, 표시하고, 배우고, 내면으로 소화한다면, 모든 정보는 너의 것이 될 것이다.
     어휘   inwardly 내심   digest 소화하다
     풀이   all the information will become your information에서 명사(information)의 반복을 피하기 위해선 소유대명사를 사용해야 한다. your를 yours로 고친다.
        Carefully read, mark, learn, and inwardly digest and all the information will become **yours**.

4   해석   행정부는 비용이 많이 들기 때문에 새로운 보안장치를 설치하지 않을 것이다.
     풀이   대명사 they는 the new security system을 지칭하므로 단수의 it으로 고친다.
        The administration will not install the new security system because **it costs** so much.

5   해석   사람들은 건강을 잃기 전까지 그 고마움을 모른다.
     풀이   여기서 대명사 it은 health를 가리킨다.

6   **해석** 헬리콥터는 닿을 수 없는 곳에 도달할 수 있는 그들의 능력 때문에 위급 상황에서 점점 더 많이 사용되고 있다.

어휘 out-of-the-way place 닿을 수 없는 곳

풀이 its ability에서 it 자리에는 Helicopters의 소유격이 와야 하므로 복수형 their로 고친다.
Helicopters are being used more and more in emergency situations because of **their** ability to reach out-of-the-way places.

7   **해석** 우리의 레스토랑에서는 손님들 스스로 음식을 가져다 먹어야 합니다. 각 구역을 돌면서 커피나 주스를 채워주는 것이 저의 일입니다.

풀이 여기서 them은 people을 지칭한다. 주어와 serve의 대상이 같기 때문에 재귀대명사로 고친다.
People were supposed to serve **themselves** at our restaurant; it was my job to circulate through the room and refill coffee and juice.

8   **해석** 톰은 자신을 제외하고는 어느 누구에게도 고의적으로 해를 끼치지 않았다.

풀이 여기서 him은 톰을 지칭한다. 전치사 besides의 목적어가 주어 자신을 지칭하므로 재귀대명사를 써야 한다.
Tom has never deliberately scarred another human being besides **himself**.

9   **해석** 많은 회사들이 창업 당시와는 전혀 다른 고객들을 상대로 영업을 하고 있다는 걸 깨닫고는 합니다.

풀이 여기서 재귀대명사 itself는 주어 a business를 가리킨다.

10 **해석** 그들은 1990년 이후 지금까지 1,300마리 이상의 악어들을 오리노코 강과 그 지류에 방생했습니다.

어휘 tributary 지류

풀이 it's는 it is의 축약형이다. Orinoco의 지류라는 뜻으로 소유격 its로 고친다.
They have released more than 1,300 crocodiles into the Orinoco and its tributaries since 1990.

정답

1. O   **2.** X   **3.** X   **4.** X   **5.** O   **6.** X   **7.** X   **8.** X   **9.** O   **10.** X

Chapter 12 형용사와 부사

Must Check

형용사와
부사를 구분한다.

형용사와 부사의 차이	
형용사	명사와 대명사를 꾸며 준다. 예 recent, public, evident
부사	동사, 형용사, 부사를 수식한다. 예 recently, publicly, evidently

형용사

She is a **beautiful** woman.
그녀는 아름다운 여성이다.
She is **beautiful**.
그녀는 아름답다.

They were seated at a **largely**(X) / **large**(O) table.
그들은 커다란 테이블에 앉아 있었다.

The child talked **quick**(X) / **quickly**(O) to her mother.
그 아이는 자신의 엄마에게 빨리 말했다.

부사

She sings **beautifully**.
그녀는 아름답게 노래를 부른다.

She is a really **beautifully** dressed woman.
그녀는 정말 아름답게 옷을 입은 여성이다.

We read an **extreme**(X) / **extremely**(O) long story.
우리는 정말로 긴 이야기를 읽었다.

Example

In their evolution, (A) <u>plants</u> could not leave the water (B) <u>without solving</u> a host of serious problems. (C) <u>To begin with</u>, the seas provided a (D) <u>continuously</u> supply of water.

해석 그들의 진화에 있어 식물은 많은 심각한 문제들을 해결하지 않고서는 물을 떠날 수 없었다. 먼저 바다가 지속적으로 물을 공급해 주었다.

풀이 명사인 supply를 꾸미는 것은 부사가 아닌 형용사이므로 continuously를 continuous로 고친다.

정답 (D)

문장이 옳으면 O, 옳지 않으면 X를 고르세요.

1 It was pleasantly cool in the house after the sticky heat outside. (O , X)

2 Perishable items should be inspected frequent for signs of spoilage. (O , X)

3 The people are really nice and we have eaten some truly exotic food. (O , X)

4 We were so incredibly well that we were picked to win the tournament. (O , X)

5 Over the years, American cotton growers have used the latest science and technology to grow cotton less expensive and more abundantly than anywhere else in the world. (O , X)

6 Automobile Racing is a sport in which race drivers compete with each other in special designed automobiles. (O , X)

7 The quality control process did not completely eliminate defective products. (O , X)

8 While many people still consider wearing a fur coat politically incorrectly, real fur has begun to make a comeback. (O , X)

9 The inspectors quietly requested a completely report of the terribly accident. (O , X)

10 Their alertness and quick actions prevented seriously injury or loss of life. (O , X)

1
해석　바깥 날씨가 끈적끈적 더웠던지라 집 안이 기분 좋게 서늘했다.
어휘　sticky 끈적거리는
풀이　부사 pleasantly가 형용사 cool을 수식하고 있으므로 바른 문장이다.
정답　O

2
해석　썩기 쉬운 제품들은 부패의 징후를 자주 검사해야 한다.
어휘　perishable 식품이 잘 상하는　inspect 검사하다　spoilage 부패
풀이　분사 inspected를 수식해야 하므로 부사 frequently로 고친다.
　　　Perishable items should be inspected **frequently** for signs of spoilage.
정답　X

3
해석　사람들은 정말 친절하고, 우리는 아주 색다른 음식들을 맛봤다.
풀이　부사 really와 truly가 각각 형용사 nice와 exotic을 수식하는 바른 문장이다.
정답　O

4
해석　우린 믿을 수 없을 정도로 좋게 토너먼트에서 이길 수 있도록 뽑혔다.
풀이　보어이므로 형용사 good으로 고친다.
　　　We were so incredibly **good** that we were picked to win the tournament.
정답　X

5
해석　오랜 기간에 걸쳐 미국의 면화 재배 업자들은 세계 어느 곳보다 값싸고 더 많은 면화를 재배하기 위해서
　　　최신 과학 및 기술을 사용해 왔습니다.
어휘　abundantly 풍부하게
풀이　to grow를 수식해야 하므로 부사 expensively로 고친다.
　　　Over the years, American cotton growers have used the latest science and
　　　technology to grow cotton less **expensively** and more abundantly than anywhere
　　　else in the world.
정답　X

6 **해석** 자동차 경주는 운전자들이 특별하게 설계된 자동차로 서로 경쟁하는 스포츠이다.

풀이 designed는 형용사로 부사의 수식을 받을 수 있다. specially로 고친다.
Automobile Racing is a sport in which race drivers compete with each other in **specially** designed automobiles.

정답 X

7 **해석** 그 품질 관리 과정은 불량품을 완벽하게 제거하지는 못했다.

어휘 eliminate 제거하다   defective 결함이 있는

풀이 부사 completely가 동사 eliminate를 수식하는 바른 형태이다.

정답 O

8 **해석** 많은 사람들이 여전히 모피 코트를 입는 것은 정치적으로 옳지 않다고 생각하는 가운데 다시 진짜 모피가 유행하기 시작했습니다.

풀이 목적 보어이므로 형용사 incorrect로 고친다.
While many people still consider wearing a fur coat politically **incorrect**, real fur has begun to make a comeback.

정답 X

9 **해석** 조사원들은 끔찍한 사고의 완벽한 보고서를 조용히 요구했다.

풀이 각각의 명사 report와 accident를 수식하므로 형용사 complete와 terrible로 고친다. 부사 quietly는 동사 requested를 수식하고 있는 바른 문장이다.
The inspectors quietly requested a **complete** report of the **terrible** accident.

정답 X

10 **해석** 그들의 조심성과 빠른 행동이 심각한 부상이나 목숨을 잃을 수 있는 사태를 방지했다.

풀이 명사 injury를 꾸미는 형용사 serious로 고친다.
Their alertness and quick actions prevented **serious** injury or loss of life.

정답 X

형용사와 부사 (2)

Unit 44

1. 주어+자동사+부사

자동사 뒤에는 부사가 올 수 있는데, 이때 부사는 동사를 수식한다.

2. 주어+연결동사+형용사

연결동사 뒤에 형용사가 오는데, 이때 형용사는 주어를 보충 설명한다.

3. 주어+연결동사+부사+형용사

연결동사 뒤에는 부사와 형용사가 올 수 있는데, 이때 부사는 형용사를 수식하고 형용사는 주어를 설명한다.

연결동사	be	become	look	seem
	appear	smell	sound	taste
	feel	prove		

e.g.

She spoke **nicely**.
그녀는 좋게 말했다.

She looks **nice**.
그녀는 좋아 보인다.

He seems **unusually nice**.
그는 평상시와 달리 좋아 보인다.

Example 1

I saw the teacher in the classroom after the game, and he looked ________________.

(A) real angry   (B) very angrily
(C) madly   (D) angry

해석 나는 시험이 끝난 후 선생님을 교실에서 보았는데 매우 화가 나 보였다.
풀이 look+형용사 : ~처럼 보이다 / real angry를 really angry로 고친다.
정답 (C)

Example 2

Your conduct does not ______________ a man of education.

(A) allow   (B) resemble
(C) seem   (D) become

해석 네 행동은 교육받은 사람에게는 어울리지 않는다.
풀이 become이 2형식일 때는 '~가 되다', 3형식일 때는 '~에게 어울리다'의 뜻이다.
정답 (D)

1   The theory seems odd but it is theoretically possible.   (O , X)

2   This restaurant's food tastes spice and salt in general.   (O , X)

3   In class the speaker talked knowing about how Da Vinci was threatened with excommunication.   (O , X)

4   Throughout class my teacher would always speak good of me.   (O , X)

5   He felt terribly sleepy every afternoon due to languor after meals.   (O , X)

6   Tom appeared calm in spite of the fact that his suggestion had not been accepted.   (O , X)

7   Some Eskimos in the far north of Canada and in Greenland used to live in houses that looked very different.   (O , X)

8   The firemen reacted quick to the alarm, in an attempt to keep the blaze from spreading to neighboring houses.   (O , X)

9   This hotel room smells an orange and an onion bagel.   (O , X)

10   In English law a person is accounted innocent until they are proved guilt.   (O , X)

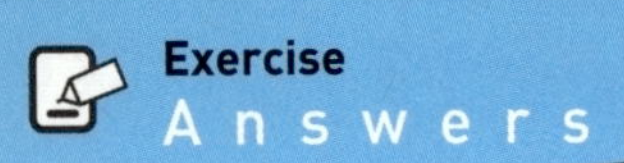

1

해석 그 이론은 이상하게 보였지만, 이론적으로는 가능하다.

풀이 「seems+형용사(odd)」로 바른 문장이다.

정답 O

2

해석 이 식당 음식은 대체로 맵고 짜다.

풀이 spice와 salt는 명사이므로 주어 food와 동격이 되어야 하는데 그것은 불가능하다. 따라서 음식의 상태를 설명하는 형용사(spicy and salty)로 고친다.
This restaurant's food tastes **spicy and salty** in general.

정답 X

3

해석 수업시간에 연설자는 어떻게 다빈치가 교회의 제명을 가지고 협박받았는지에 대해 이야기했다.

어휘 excommunication 제명

풀이 talk는 완전자동사로 형용사를 취할 수 없다. 부사 knowingly로 고친다.
In class the speaker talked **knowingly** about how Da Vinci was threatened with excommunication.

정답 X

4

해석 수업 내내 선생님은 나에 대해 좋게 말씀하셨다.

어휘 speak well of A A에 대하여 좋게 말하다
speak ill of A A에 대하여 나쁘게 말하다

풀이 speak는 완전자동사로 형용사를 취할 수 없다. good을 부사 well로 고친다. speak는 타동사로도 쓰이는데 이 경우 speak English와 같이 대개 언어를 목적어로 취한다.
Throughout class my teacher would always speak **well** of me.

정답 X

5

해석 그는 오후만 되면 식곤증 때문에 잠이 쏟아졌다

어휘 languor 나른함

풀이 「felt+형용사(sleepy)」로 바른 문장이다.

정답 O

6 **해석** 톰은 자신의 제안이 거절되었다는 사실에도 불구하고 침착해 보였다.

풀이 「appeared+형용사(calm)」로 바른 문장이다.

정답 O

7 **해석** 캐나다 북쪽 지역과 그린랜드에 사는 어떤 에스키모 인들은 아주 다른 형태의 집에 거주했었다.

풀이 「looked+형용사(different)」로 바른 문장이다.

정답 O

8 **해석** 소방관들은 불길이 이웃집들로 번지지 않도록 하기 위해 비상경보에 민첩하게 대처했다.

풀이 react는 완전자동사로 형용사를 취할 수 없다. quick을 부사 quickly로 고친다.
The firemen reacted **quickly** to the alarm, in an attempt to keep the blaze from spreading to neighboring houses.

정답 X

9 **해석** 이 호텔 객실에서는 오렌지와 어니언 베이글 냄새가 나요.

풀이 2형식 오감 동사가 보어로 명사를 취할 경우 「like+명사」로 고친다.
This hotel room smells **like** an orange and an onion bagel.

정답 X

10 **해석** 영국법에서는 유죄가 입증될 때까지는 무죄로 간주한다.

풀이 guilt는 명사이므로 주어(they)의 상태를 묘사할 수 없다. 형용사 guilty가 되어야 형용사 보어가 되어 주어의 상태를 묘사한다.
In English law a person is accounted innocent until they are proved **guilty**.

정답 X

Must Check

형용사의 한정적 용법과
서술적 용법을 구별한다.

형용사

1. 한정적 용법 형용사(명사의 앞에 위치)

-er : **inner**(내부의), **outer**(외부의), **upper**(더 위쪽의), **utter**(완전한),
former(이전의), **latter**(나중의)

-en : **golden**(금으로 만든), **drunken**(술 취한), **wooden**(나무로 된),
silken(비단결 같은), **olden**(옛날의), **sunken**(가라앉은), **maiden**(최초의)

기타 : **elder**(나이가 많은), **mere**(단지), **sole**(유일한), **lone**(혼자의),
utmost(최고의), **daily**(매일의), **main**(주된), **thorough**(철저한), **the
only**(유일한), **the same**(같은), **the very**(바로 그러한)

2. 서술적 용법 형용사(보어로 사용)

a- : **alike**(같은), **alive**(살아 있는), **awake**(깨어 있는), **asleep**(잠든),
alone(홀로의), **aware**(알고 있는), **ashamed**(부끄러운), **afraid**(두려운)

감정을 나타내는 형용사 : **content**(만족하는), **fond**(좋아하는), **glad**(반가운),
pleased(기쁨), **upset**(화남), **sorry**(유감인)

기타 : **unable**(~할 수 없는), **wont**(~하는 습관이 있는), **liable**(책임 있는),
well(건강한), **worth**(~할 가치가 있는)

e.g.

The information **important** is on the first page. (X)
The **important** information is on the first page. (O)
중요한 정보는 첫 페이지에 있다.

부사

부사는 여러 곳에 위치할 수 있으나, 타동사와 목적어 사이에는 올 수 없다.

e.g.

He has taken **recently** an English course. (X)
Recently he has taken an English course. (O)
He has **recently** taken an English course. (O)
He has taken an English **recently**. (O)
최근 그는 영어 수업을 수강하고 있다.

Example

The (A) spinal column is (B) alike the brain (C) in that its
main functions can be (D) classified as either sensory or
motor functions.

해석 척추의 주요 기능이 지각 기능이나 혹은 운동 기능으로 분류될 수 있다는 점에서 척
추는 뇌와 같다.

풀이 alike는 한정적 용법이 아니라 서술적 용법으로만 쓰이는 형용사이다. (B)에서 보
면 is 뒤에 있기에 적당해 보이지만 바로 뒤에 the brain이라는 명사가 있다. 따라서 한
정 형용사인 like를 써야 한다.

정답 **(B)**

문장이 옳으면 O, 옳지 않으면 X를 고르세요.

1 *The Blue* is a French film about an everlasting and fantastic
   dream for the sea.　　　　　　　　　　　　　　　　　　　(O , X)

2 The overwhelming majority of those present were in favor of the
   plan.　　　　　　　　　　　　　　　　　　　　　　　　　　(O , X)

3 Working at night or changing frequently shifts increases your risk
   of insomnia.　　　　　　　　　　　　　　　　　　　　　　(O , X)

4 Two parties collision was caused by the opposing points of view
   about the policy.　　　　　　　　　　　　　　　　　　　　(O , X)

5 The machine's typing different elements have been carefully
   designed to provide outstanding durability.　　　　　　　　(O , X)

6 He was on a sticky wicket this morning but held his ground
   pretty well.　　　　　　　　　　　　　　　　　　　　　　(O , X)

7 Exercise has often psychological benefits, helping to relieve
   depression and increasing people's general sense of well-being.　(O , X)

8 Human societies have always built great monuments to
   celebrate their values.　　　　　　　　　　　　　　　　　(O , X)

9 We interact, make friends, and form bonds with other humans
   on a basis daily.　　　　　　　　　　　　　　　　　　　　(O , X)

10 The risks of low returns are so great that real foreign estate
   should never be viewed as an investment.　　　　　　　　　(O , X)

1 해석 〈블루〉는 바다를 향한 영원하고 환상적인 꿈에 대한 프랑스 영화입니다.

어휘 everlasting 영원한

풀이 형용사 everlasting and fantastic이 명사 dream을 꾸미는 바른 문장이다.

정답 O

2 해석 참석자들의 압도적인 다수가 그 계획에 찬성했다.

풀이 서술적 용법의 형용사 present가 명사 those의 보어로 쓰인 바른 문장이다.

The overwhelming majority of those (who were) present were in favor of the plan.

정답 O

3 해석 밤에 일하는 것 또는 자주 일하는 주기를 변경하는 것이 당신의 불면증 위험을 증가시킨다.

어휘 insomnia 불면증

풀이 여기서 동사적 성질의 동명사 changing과 목적어 shifts 사이에 부사를 쓸 수 없다.

Working at night or **frequently changing** shifts increases your risk of insomnia.로 고친다.

정답 X

4 해석 두 정당의 대립은 정책에 대한 상반되는 관점에서 비롯되었다.

어휘 collision 충돌

풀이 형용사 opposing이 명사 points를 꾸미는 바른 문장이다.

정답 O

5 해석 그 기계의 각각의 인쇄 활자들은 뛰어난 내구력을 보장하도록 신중하게 고안되었다.

어휘 durability 내구성

풀이 여기서 typing elements는 인쇄요소(즉, 인쇄활자의 의미)로 하나의 명사로 봐야 한다. 그러므로 형용사 different를 앞에 써서 different typing elements라고 고친다.

The machine's **different typing** elements have been carefully designed to provide outstanding durability.

정답 X

6   **해석** 그는 오늘 아침 난처한 상황에 있었지만, 나름 자기의 입장을 잘 고수하였다.

    어휘 a sticky wicket 곤경   hold one's ground 흔들리지 않다

    풀이 부사 pretty(꽤, 매우)는 부사로 부사 well을 수식하고 있다.

    정답 O

7   **해석** 운동은 우울증을 완화시키고 전반적으로 사람들의 복지를 증진시켜 정신적인 면에도 많은 도움을 줍니다.

    풀이 여기서 has는 본동사로, 부사 often을 목적어 psychological benefits 앞에 둘 수 없다.

    Exercise **often has** psychological benefits, helping to relieve depression and increasing people's general sense of well-being.

    정답 X

8   **해석** 인류 사회는 인류의 가치를 기리기 위해 항상 거대한 기념비들을 만들었습니다.

    풀이 always는 빈도부사로 빈도부사의 위치는 일반동사 앞, 조동사나 be동사 뒤에 쓴다.

9   **해석** 우리는 매일 교류하고, 친구를 만들고, 다른 사람과 유대감을 형성한다.

    풀이 daily는 형용사로 명사 basis를 앞에서 꾸민다.

    We interact, make friends, and form bonds with other humans on a **daily basis**.

    정답 X

10   **해석** 수익률이 떨어질 위험이 너무 크기 때문에 절대로 해외 부동산을 투자 대상으로 생각해서는 안 된다.

    풀이 real estate(부동산)는 하나의 명사로 봐야 한다. 그러므로 형용사 foreign을 앞에 써서 foreign real estate라고 고친다.

    The risks of low returns are so great that **foreign real estate** should never be viewed as an investment.

    정답 X

문장이 옳으면 O, 옳지 않으면 X를 고르세요.

1 After the comprehensive exam, his eyes were ringed with dark
circles, and he looked exhausted and frightened.　　　　　　(O , X)

2 This country is remarkable inhumane when it comes to the
incarceration of older people.　　　　　　(O , X)

3 It's much better to buy one good thing and use it careful than
spending money on many cheap things.　　　　　　(O , X)

4 They were unable to see where their friends were sitting in the
theater because of the lights dim.　　　　　　(O , X)

5 The documentary proved far more interesting than they had
imagined it would be.　　　　　　(O , X)

6 Departmental secretaries are required to attend regularly a
professional development workshop.　　　　　　(O , X)

7 If they learn how to lead healthy life styles early in life, then it can
become a health habit for them when they grow older.　　　　　　(O , X)

8 Her parents were proud of their daughter who returned home
loaded with honors.　　　　　　(O , X)

9 It seems certainly that the government is eager to boost the
popularity of horseback riding across the country.　　　　　　(O , X)

10 Our team strategy worked so good that the game was an easy
win.　　　　　　(O , X)

1   **해석** 시험 이후, 그의 눈은 다크서클이 둥글게 생겼고 기진맥진하고 겁먹은 듯 보였다.
     풀이 2형식 동사 look의 보어로 형용사 exhausted and frightened는 바른 형태이다.

2   **해석** 이 나라는 노약자의 구금과 관련하여서 매우 비인간적이다.
     어휘 inhumane 비인간적인   incarceration 감금
     풀이 inhumane은 형용사이므로 부사 remarkably로 수식해야 한다.
     This country is **remarkably** inhumane when it comes to the incarceration of older people.

3   **해석** 싸구려 여러 개를 사는 데 돈을 쓰기보다는 제대로 된 것 하나 사서 잘 쓰는 것이 훨씬 낫다.
     풀이 동사 use를 수식하는 부사 carefully로 고친다.
     It's much better to buy one good thing and use it **carefully** than spending money on many cheap things.

4   **해석** 흐린 빛 때문에 그들은 친구가 극장 안의 어디에 앉아 있는지 볼 수가 없었다.
     어휘 dim 흐릿한
     풀이 dim이 형용사이므로 명사 light 앞에 써야 한다.
     They were unable to see where their friends were sitting in the theater because of the **dim lights**.

5   **해석** 그 다큐멘터리는 그들이 상상했던 것보다 훨씬 흥미 있는 것으로 판명되었다.
     풀이 2형식 동사 proved의 보어로 형용사 interesting은 바른 형태이다.

6 **해석** 각 부서의 비서들은 업무 능력 향상을 위한 워크숍에 정기적으로 참석할 필요가 있다.
   풀이 부사는 타동사와 목적어 사이에 쓸 수 없다.
   Departmental secretaries are required to attend a professional development workshop **regularly**.

7 **해석** 만일 그들이 일찍이 삶 속에서 건전한 생활 양식을 영위한다면, 그들이 좀 더 나이 먹을 때, 그것은 그들을 위한 건전한 관성이 될 수 있다.
   풀이 명사 habit을 꾸미는 형용사 healthy로 고친다.
   If they learn how to lead healthy life styles early in life, then it can become a **healthy** habit for them when they grow older.

8 **해석** 그녀의 부모는 금의환향한 딸을 자랑스러워했다.
   풀이 proud는 be동사의 보어이다.

9 **해석** 정부가 전국적으로 승마의 인기를 끌어올리기를 열망하는 것은 확실한 듯 보인다.
   풀이 2형식 동사 seem의 보어로는 형용사 certain이 되어야 한다.
   It seems **certain** that the government is eager to boost the popularity of horseback riding across the country.

10 **해석** 우리 팀의 전략이 잘 먹혀 들어가 경기에서 수월하게 이겼다.
   풀이 work는 완전자동사로 보어를 취할 수 없다. good이 아닌 부사 well로 고친다.
   Our team strategy worked so **well** that the game was an easy win.

정답

1. O   **2.** X   **3.** X   **4.** X   **5.** O   **6.** X   **7.** X   **8.** O   **9.** X   **10.** X

형용사가 전치사와 결합하여 동사처럼 쓰이는 경우

1 be + 형용사 + to

be vaccessible to ~에게 접근 가능, 이용 가능하다
be available to ~에게 유용하다, 이용 가능하다
be attractive to ~에게 매력적이다
be close to ~에 가까이 있다, 근접하다
be identical to ~와 동일하다, 매우 흡사하다
be indifferent to ~에게 무관심하다
be inferior to ~보다 열악하다, 좋지 않다
be equivalent to ~와 동등하다, 필적하다
be native to (지역명) ~에 기원을 두다, ~지역산이다
be next to ~옆에 있다(=be near to)
be opposite to ~에 반대하다, ~의 반대편에 있다
be similar to ~와 흡사하다
be superior to ~보다 뛰어나다, 훌륭하다
be superior to ~보다 낫다
be transferable to ~에게 양도될 수 있다.

2 be + 형용사 + of

be afraid of + N ~을 두려워하다, 걱정하다
be appreciative of + N ~에 대해 감사하다
be aware of + N ~을 알고 있다, 인식하다
be capable of + N(-ing) ~을 할 수 있다
be characteristic of + N ~을 특징화하다
be cognizant of + N ~을 알고 있다, 인식하다
be confident of + N ~을 확신하다
be desirous of ~하기를 갈망하다
be envious of ~을 부러워하다
be exclusive of ~을 제외시키다, ~에게 배타적이다
be expressive of ~을 표현하다 (= express + N)
be full of ~로 가득 차 있다 (= filled with N)
be independent of ~에서 독립하다
be negligent of ~에 무관심하다, ~에 부주의하다
be proud of ~을 자랑스럽게 여기다
be productive of ~을 생산하다 (= produce + N)
be short of ~이 부족하다
be suspicious of ~을 의심하다

3 be + 형용사 + with

be argumentative with ~와 논쟁을 하다, 다투다
be commensurate with ~와 상응하다, 적합하다
be compatible with ~와 양립할 수 있다
be incompatible with ~와 양립할 수 없다

4 be + 형용사 + for

be convenient for ~에 편리하다
be essential for/to ~에 필수적이다
be famous for ~로 유명하다
be mandatory for ~에게 의무가 되다
be perfect for ~에 최고로 적합하다, 딱 맞다
be responsible for ~에 대해 책임지다
be suitable for ~에 적합하다, 적절하다
be valid for + 기간 명사 ~동안 유효하다

5 be + 형용사 + 기타 전치사

be absent from ~에 결석하다
be contingent on ~에 달려 있다, ~에 의존하다
be dependent on ~에 의지하다, ~에 달려 있다
be skillful in ~에 기술이 있다, 능숙하다

6 be + 동일 형용사 + 다른 전치사

be angry at + sth/sb ~에 화를 내다
be angry with + sth/sb ~에게 화가 나다
be consistent in + N ~에 일관성을 유지하다
be consistent with + N ~와 일치하다
be free from + 통제, 규정사항 ~으로부터 벗어나다
be free of + 부정적 대상 ~으로부터 벗어나다

Must Check

-ly 형태의 형용사와 부사를
구별한다.

1. -ly로 끝나는 형용사들

costly	likely	daily	quarterly	northerly
early	lively	hourly	weekly	easterly
friendly	lonely	monthly	yearly	southerly
kindly	manly	nightly	lovely	westerly

2. 형용사와 부사 형태가 같은 경우

early 형 이른 부 일찍
hard 형 어려운, 단단한 부 열심히, 심하게
late 형 늦은 부 늦게
wrong 형 잘못된, 틀린 부 잘못되게, 나쁘게
near 형 가까운 부 가까이에
long 형 오랜 부 오래
wide 형 넓은 부 널리
far 형 먼 부 멀리
right 형 옳은, 정확한 부 바로, 정확히
close 형 가까운, 닫은 부 정밀히, 바로 앞에
great 형 큰, 훌륭한 부 잘

e.g.

The **early** bird catches the worm.
일찍 일어나는 새가 벌레를 잡는다.

The manager turned in his **weekly** report.
매니저는 자신의 주간 보고서를 제출했다.

The boy performed a **manly** act by saving an old woman from a robber.
그 소년은 노부인을 강도에게서 구해내는 남자다운 행동을 했다.

Example

(A) The following night Bill returned quite (B) lately from work to (C) find his wife (D) lying unconscious beside the phone.

해석 다음날 밤에 빌은 직장에서 아주 늦게 돌아와서는 아내가 전화기 옆에 의식을 잃고 쓰러져 있는 것을 발견했다.

어휘 late 늦게, 뒤늦게, 늦게까지, lately 요즈음, 최근에

풀이 late와 lately의 차이를 묻고 있다. 문맥상 집에 아주 늦게 돌아왔다는 뜻이므로 (B)의 lately는 late로 고친다.

정답 (B)

Exercise 문장이 옳으면 O, 옳지 않으면 X를 고르세요.

1 People earning in excess of £10,000 a yearly income an average tax benefit of £480.　(O , X)

2 The days she spent in Paris were lonely and solitarily.　(O , X)

3 Weather officials blamed global warming for the big change in seasonally temperatures.　(O , X)

4 Do you want to go to the early movie or the lately movie?　(O , X)

5 Employees receive quarterly bonuses based upon the company's profit performance.　(O , X)

6 If you like chocolate—you are live, easily bored and like to be the center of attention.　(O , X)

7 The sufferings that fate inflicts on us should be borne with patience, what enemies inflict with manly courage.　(O , X)

8 The most likely explanation is that his plane was delayed.　(O , X)

9 Good oral health habits, such as daily brushing and flossing, can help prevent gingivitis.　(O , X)

10 Almost 128 years after abolition, Americans are still struggling with the cost political and social legacy of slavery.　(O , X)

1   해석 연간 소득이 만 파운드를 초과하는 사람들은 평균 480 파운드의 세금 혜택을 보았다.
   풀이 yearly는 형용사로 명사 income을 꾸밀 수 있다.
   정답 O

2   해석 파리에서 그녀가 보낸 날들은 외롭고 고독했다.
   어휘 solitary 홀로 있는
   풀이 were의 보어로 형용사가 병치되어야 한다. lonely는 형용사이지만, solitarily는 부사이므로 solitary
        로 고친다.
        The days she spent in Paris were lonely and **solitary**.
   정답 X

3   해석 기상 관계자들은 계절적인 온도의 큰 변화를 지구온난화 탓으로 돌렸다.
   어휘 seasonal 계절에 따른
   풀이 temperatures는 명사이므로 seasonally를 형용사 seasonal로 고친다.
        Weather officials blamed global warming for the big change in **seasonal**
        temperatures.
   정답 X

4   해석 당신은 조조 영화를 보고 싶나요? 심야 영화를 보고 싶나요?
   풀이 등위접속사 or를 기준으로 명사 movie를 꾸미는 형용사가 병치되어야 한다. lately는 '최근의'라는 의미
        의 부사이므로 형용사 late로 고친다.
        Do you want to go to the early movie or the **late** movie?
   정답 X

5   해석 사원들은 회사의 수익 성과를 근거로 분기별 보너스를 받는다.
   풀이 quarterly는 형용사로 명사 bonuses를 꾸밀 수 있다.
   정답 O

6

해석 만약 당신이 초콜릿 맛을 좋아한다면 – 당신은 활발하고, 쉽게 싫증내고 주목의 대상이 되기를 좋아하는 것이다.

풀이 live는 '살아 있는', '생생한'이라는 의미이므로 '활발한'이라는 의미의 lively로 고친다.

If you like chocolate–you are <u>lively</u>, easily bored and like to be the center of attention.

정답 X

7

해석 운명이 가하는 고통에 우리는 인내심을 가지고 맞서야 하며, 적이 가하는 고통은 남자다운 용기로 맞서야 한다.

어휘 fate 운명　inflict 가하다　borne bear(견디다)의 과거분사

풀이 manly는 형용사로 명사 courage를 꾸밀 수 있다.

정답 O

8

해석 가장 있음직한 설명은 그의 비행기가 연착되었다는 것이다.

풀이 likely는 형용사로 명사 explanation을 꾸밀 수 있다.

정답 O

9

해석 매일 양치질을 하고 치실을 사용하는 것과 같은 좋은 구강 건강 습관은 치은염을 예방할 수 있다.

어휘 gingivitis 치은염

풀이 daily는 형용사로 명사 brushing and flossing을 꾸밀 수 있다.

정답 O

10

해석 노예 제도가 폐지된 지도 거의 128년이 지났지만, 미국인들은 여전히 노예 제도의 값비싼 정치적·사회적 유물과 싸우고 있다.

풀이 cost는 '가격'이라는 의미의 명사로, 명사 legacy를 꾸밀 수 없다.

costly political and social legacy가 바른 형태로, political and social도 형용사이다.

명사 legacy가 형용사의 이중 수식을 받고 있다.

Almost 128 years after abolition, Americans are still struggling with the <u>costly</u> political and social legacy of slavery.

정답 X

Must Check

현재분사와 과거분사를
구분한다.

Type	의미	사용	쓰임
-ing	능동	동작을 나타내며 진행의 의미	The **surprising** news = The news is **surprising**. 놀라운 뉴스 The **frightening** movie = The movie is **frightening**. 무서운 영화(공포영화) The **tiring** work =The work is **tiring**. 힘든 일
-ed	수동	결과를 나타내며 상태의 의미	A **frightened** child 겁먹은 아이 She was **tired** after a hard day's night. 그녀는 밤을 샌 뒤로 피곤하다.

e.g.

The woman **cleans** the car.
그 여자는 세차를 한다.

The **cleaning** woman worked on the car.
세차를 하는 여성이 차를 손보고 있었다.

The woman put the **cleaned** car back in the garage.
그 여자는 세차된 차를 차고에 주차했다.

They were **surprised** at the news.
그들은 그 소식에 놀랐다.

Example

(A) Government-controlled postal systems finally took
(B) over private postal businesses, and in the 1700s
government ownership of (C) most postal systems in
Europe was an (D) accepting fact of life.

해석 정부에 의해 통제되는 우편 체제가 마침내 개인 우편 사업체를 떠맡았다. 그리고
1700년대까지 유럽에서의 대부분의 우편 체제에 대한 정부 소유권은 받아들여진 현실이
었다.

풀이 (D)의 accepting이 수식하는 fact는 사물이므로 현재분사 accepting으로 수식
하고 있다. 물론 여기서 accepting은 감정 형용사로 쓰인 것은 아니다. 하지만 fact가
무언가를 받아들이는 주체로 쓸 수 있는 것이 아니라 받아들여진 사실이라는 의미의 수동
적으로 쓰여야 하므로 accepted로 고친다.

정답 (D)

문장이 옳으면 O, 옳지 않으면 X를 고르세요.

1 Discussion periods will follow each completed lesson and some people have to answer the discussions.　(O , X)

2 A diver's paradise which is famous for its fascinated coral formations, a large variety of fish and invertebrates, and exceptionally clear water.　(O , X)

3 Taking regular exercise can mean that you can eat decent, satisfying amounts, while not endangering your figure at all.　(O , X)

4 Take empty bottles away, and bring the filling bottles over there to me.　(O , X)

5 Both countries have highly mixing populations, and citizens of diverse ethnic backgrounds.　(O , X)

6 Have you read, or heard, something interesting or amusing you would like to share?　(O , X)

7 The customers were impressed by the chef using reducing-fat margarine or spread instead of butter or regular margarine.　(O , X)

8 Working mom Susan has decided on a treat for her family this Friday lunch time.　(O , X)

9 I have recently received so many annoying phone calls from the insurance agent.　(O , X)

10 Except for the manager, the rest of the radio station's staff consists of unpaying interns or volunteers.　(O , X)

1

해석 매 완성된 강의 끝에 토론 시간이 주어지며 누군가 토론에 답을 해야 한다.

풀이 complete와 lesson은 강의가 '완성하는(능동적)'이 아닌 '완성된(수동적)'의 의미로 completed lesson은 바른 표현이다.

정답 O

2

해석 그곳은 다이버들의 낙원으로 환상적인 산호층과 다양한 종류의 물고기, 무척추 동물들, 그리고 더없이 맑은 물로 정평이 나 있다.

풀이 coral formations가 '매혹된(수동적)'이 아닌 '매혹적인(능동적)'의 의미이므로 fascinating로 고친다.
A diver's paradise which is famous for its **fascinating** coral formations, a large variety of fish and invertebrates, and exceptionally clear water.

정답 X

3

해석 적당한 운동을 한다는 것은 당신이 몸에 전혀 해를 끼치지 않으면서 적당히 만족할 만큼의 양을 먹을 수 있다는 뜻이다.

풀이 satisfy와 amounts의 관계는 amounts가 '만족된 것(수동적)'이 아닌 '만족을 주는 주체(능동적)'의 의미로 satisfying amounts는 바른 표현이다.

정답 O

4

해석 빈 병은 치우고, 저쪽의 가득 찬 병을 나에게 가져오시오.

풀이 fill과 bottles의 관계는 병이 채우는 주체가 아닌 채워진 대상(=객체)이므로 filled bottles로 고친다.
Take empty bottles away, and bring the **filled bottles** over there to me.

정답 X

5

해석 두 나라 국민 모두 인종이 뒤섞여 있고, 민족적 배경 또한 다양하다.

풀이 mix와 populations의 관계는 인구가 섞는 주체가 아닌 섞인 대상(=객체)이므로 mixed populations로 고친다.
Both countries have highly **mixed populations**, and citizens of diverse ethnic backgrounds.

정답 X

6 **해석** 혹시 다른 사람들에게 들려주고 싶은 흥미 있거나 재미있는 이야기를 알고 계십니까?

풀이 something과 interesting. amusing의 관계는 something이 '흥미와 재미를 받는 것(수동적)'이 아닌 '흥미와 재미를 주는 주체(능동적)'의 의미로 something interesting or amusing은 바른 표현이다. something은 형용사의 후치 수식을 받는 명사이다.

정답 O

7 **해석** 고객들은 버터나 일반 마가린 대신 지방이 줄어든 마가린과 스프레드를 사용하는 주방장에 감동받았다

풀이 reduce와 fat의 관계는 '지방이 줄인(능동적)' 것이 아닌 '지방이 줄어든(수동적) 관계'이므로 reduced-fat으로 고친다.

The customers were impressed by the chef using **reduced-fat** margarine or spread instead of butter or regular margarine.

정답 X

8 **해석** 직장을 다니는 엄마인 수잔 씨는 이번 금요일에 가족들에게 점심을 사기로 마음먹었습니다.

풀이 능동인 Working mom(일을 하는 엄마)은 바른 표현이다.

정답 O

9 **해석** 나는 최근 보험회사로부터 많은 성가신 전화를 받고 있다.

풀이 annoy와 phone의 관계는 '성가시게 하는 전화'로 phone이 주체가 되므로 능동의 현재분사를 쓰는 것이 옳다.

정답 O

10 **해석** 그 라디오 방송국 직원들은 매니저를 제외하고는 모두 무급 인턴사원과 자원봉사자들로 구성되어 있다.

풀이 unpay, interns, volunteers의 관계는 인턴과 봉사자들이 급여를 주는 주체가 아닌 객체이므로 unpaid interns로 고친다.

Except for the manager, the rest of the radio station's staff consists of **unpaid** interns or volunteers.

정답 X

문장이 옳으면 O, 옳지 않으면 X를 고르세요.

1   Eventually, we will have to replace the entire roof, but for now, the damaged section can be patched.   (O , X)

2   China's booming economy is producing a wealthy new elite who are not afraid to splash around their hard-earned yuan.   (O , X)

3   Some kindly words of thanks made us feel appreciating.   (O , X)

4   One of the most excited changes in education in Korea is the incredible growth of online distance education.   (O , X)

5   CNN's Bernie Bernard has more on this special presentation of jazz as a living art.   (O , X)

6   Vietnam is a vibrant developed economy, rivaling China in its potential for growth.   (O , X)

7   Gorillas are diurnal and they make a new sleeping nest every night, usually on the ground.   (O , X)

8   During the nightly talk show there was a lively and exciting debate.   (O , X)

9   If you're hit by an uninsuring driver, we'll cover your excess and it won't affect your discount.   (O , X)

10   The ambassador's momentary inability to remember the governor's name was highly embarrassing.   (O , X)

1 **해석** 결국은 우리는 지붕 전체를 교체해야 하지만, 당분간은 파손된 부분만 보수해서 쓸 수 있다.

  어휘 patch 붙이다

  풀이 damage와 section의 관계는 파손된 부위로 수동적 관계이므로 과거분사(damaged)를 쓴 바른 표현이다.

2 **해석** 중국 본토의 경제가 급성장하면서 힘들게 번 돈을 겁 없이 뿌리고 다니는 신흥 부유층이 탄생하고 있다.

  어휘 splash around 곳곳에 뿌리다   hard-earned 힘들게 번
  yuan 위안(중국의 화폐 단위)

  풀이 afraid는 서술적 용법으로만 쓰는 형용사로 바른 형태이다.

3 **해석** 고마움에 대한 친절한 말은 우리에게 감사를 느끼게 한다.

  풀이 kindly는 형용사로 명사 words를 꾸미는 바른 형태이다. 하지만 감사의 주체가 아니라 감사를 느낀 것이므로 수동의 과거분사 appreciated로 고친다.
  Some kindly words of thanks made us feel **appreciated**.

4 **해석** 한국의 교육에 있어서 가장 흥미로운 변화 중 한 가지는 온라인 교육의 눈부신 발전이다.

  풀이 excite와 changes의 관계는 변화가 흥미를 주는 주체이므로 능동의 현재분사 exciting changes로 고친다.
  One of the most **exciting changes** in education in Korea is the incredible growth of online distance education.

5 **해석** CNN의 버니 버나드가 살아 있는 예술 재즈의 특별 공연에 대해 상세히 보도해 드리겠습니다.

  풀이 living은 한정적 용법의 형용사로 명사 앞에 쓴다.

6   **해석** 베트남은 활기찬 경제 개발 도상국으로 중국 못지않은 성장 잠재력을 보이고 있다.

    풀이 developed는 '발전된', developing은 '발전 중인'의 의미로, 베트남은 선진국이 아니므로 발전 중인 경제로 써야 한다.

    Vietnam is a vibrant **developing** economy, rivaling China in its potential for growth.

7   **해석** 고릴라는 주행성으로 그것들은 매일 밤 보통 땅 위에 새로운 잠자리를 만든다.

    풀이 sleeping은 한정적 용법의 형용사로 명사 앞(sleeping nest)에 쓴다.

8   **해석** 매일 밤의 토크쇼에서 생생하고 흥미 있는 토론이 있었다.

    어휘 nightly (매일) 밤의, 밤마다의

    풀이 nightly(형용사)+talk show(명사), lively and exciting(형용사)+debate(명사)로 바른 문장이다.

9   **해석** 만일 당신이 무 보험자에게 사고를 당한다면, 우리가 당신의 비용을 보장하여 보험료 할인에 영향을 받지 않을 것이다.

    풀이 '보험에 들지 않은', '보험이 적용되지 않는'의 의미의 형용사는 uninsured이다.

    an uninsured driver : 보험에 들지 않은 운전자

    an uninsured claim : 보험이 적용되지 않는 요구

    If you're hit by an **uninsured** driver, we'll cover your excess and it won't affect your discount.

10   **해석** 대사는 주지사의 이름이 순간적으로 기억이 나지 않아 몹시 당황했다.

    어휘 ambassador 대사   momentary 일시적인, 순간적인

    풀이 highly(부사)+embarrassing(형용사)로 바른 문장이다.

정답

1. O   2. O   3. X   4. X   5. O   6. X   7. O   8. O   9. X   10. O

Memo